Standortmarketing in der Wirtschaftsförderung

Stefan Lennardt · Cristina Grüning

Standortmarketing in der Wirtschaftsförderung

Grundlagen für die Praxis

2. Auflage

Stefan Lennardt
Moduldrei Strategie und
Kommunikation GmbH
Dortmund, Deutschland

Cristina Grüning
Moduldrei Strategie und
Kommunikation GmbH
Dortmund, Deutschland

ISBN 978-3-658-46308-3 ISBN 978-3-658-46309-0 (eBook)
https://doi.org/10.1007/978-3-658-46309-0

Die Deutsche Nationalbibliothek verzeichnet diese Publikation in der Deutschen Nationalbibliografie; detaillierte bibliografische Daten sind im Internet über https://portal.dnb.de abrufbar.

© Der/die Herausgeber bzw. der/die Autor(en), exklusiv lizenziert an Springer Fachmedien Wiesbaden GmbH, ein Teil von Springer Nature 2017, 2024

Das Werk einschließlich aller seiner Teile ist urheberrechtlich geschützt. Jede Verwertung, die nicht ausdrücklich vom Urheberrechtsgesetz zugelassen ist, bedarf der vorherigen Zustimmung des Verlags. Das gilt insbesondere für Vervielfältigungen, Bearbeitungen, Übersetzungen, Mikroverfilmungen und die Einspeicherung und Verarbeitung in elektronischen Systemen.
Die Wiedergabe von allgemein beschreibenden Bezeichnungen, Marken, Unternehmensnamen etc. in diesem Werk bedeutet nicht, dass diese frei durch jede Person benutzt werden dürfen. Die Berechtigung zur Benutzung unterliegt, auch ohne gesonderten Hinweis hierzu, den Regeln des Markenrechts. Die Rechte des/der jeweiligen Zeicheninhaber*in sind zu beachten.
Der Verlag, die Autor*innen und die Herausgeber*innen gehen davon aus, dass die Angaben und Informationen in diesem Werk zum Zeitpunkt der Veröffentlichung vollständig und korrekt sind. Weder der Verlag noch die Autor*innen oder die Herausgeber*innen übernehmen, ausdrücklich oder implizit, Gewähr für den Inhalt des Werkes, etwaige Fehler oder Äußerungen. Der Verlag bleibt im Hinblick auf geografische Zuordnungen und Gebietsbezeichnungen in veröffentlichten Karten und Institutionsadressen neutral.

Springer Gabler ist ein Imprint der eingetragenen Gesellschaft Springer Fachmedien Wiesbaden GmbH und ist ein Teil von Springer Nature.
Die Anschrift der Gesellschaft ist: Abraham-Lincoln-Str. 46, 65189 Wiesbaden, Germany

Wenn Sie dieses Produkt entsorgen, geben Sie das Papier bitte zum Recycling.

Vorwort

Die Wirtschaftsförderung in deutschen Kommunen ist eine „freiwillige" Aufgabe. Tatsächlich aber ist eine aktive, strategische Wirtschaftsförderung für die positive Entwicklung von Gemeinden, Städten, Kreisen und Regionen völlig unverzichtbar. Denn Wirtschaftsförderung hat einen großen Einfluss auf die positive Entwicklung des kommunalen Haushalts, auf die Zahl und auch die Qualität der vorhandenen Arbeitsplätze – und auf die wahrgenommene Attraktivität des Standortes bei seinen Zielgruppen, auf seinen Markenwert also.

Das Standortmarketing in der Wirtschaftsförderung hat dabei mehrere Paradigmenwechsel durchlaufen: Wurden früher vor allem Ansiedlungen und der Verkauf von Gewerbeflächen von der Wirtschaftsförderung erwartet, so rückte (als Reaktion auf den im Durchschnitt geringen Erfolg und den zunehmenden Flächenmangel) die Bestandspflege wieder stärker in den Fokus. Schon länger ist es die Werbung um Arbeits- und Fachkräfte, die vielerorts im Mittelpunkt der Kommunikation steht. Immer stärker setzt sich auch das (richtige) Verständnis durch, dass auch die Tourismuswerbung ein relevanter Bestandteil des Standortmarketings ist.

Kommunen und Regionen konkurrieren um sehr ähnliche Zielgruppen – nicht nur in der unmittelbaren Nachbarschaft, sondern national wie international. Die in das Standortmarketing investierten Ressourcen sind insgesamt erheblich und die Professionalisierung nimmt weiter zu. Im Wettbewerb um Aufmerksamkeit misst sich das Standortmarketing dabei nicht nur mit den unmittelbaren Konkurrentinnen und Konkurrenten, sondern mit tausenden anderen, starken Marken, ihren Botschaften und ihrer häufig herausragend kreativen Vermarktung. Die Stadt Wermelskirchen konkurriert also zum Beispiel auch mit der Marke Apple.

Das vorliegende Buch beruht auf der konkreten Erfahrung aus zahlreichen Projekten im Standortmarketing. Es ist ein grundlegendes Praxishandbuch für Menschen aus der Wirtschaftsförderung, die sich einen Überblick über Strategien,

Themen und Techniken verschaffen wollen. Sie bekommen einen Überblick darüber, was zur Planung, Durchführung und Steuerung einer Standortmarketingkampagne nötig ist: Eine erfolgreiche Kampagne erfordert gute Analyse, klare Ziele, eine stringente Strategie, effizientes Projektmanagement, ein ausreichendes Budget, viel Mut, etwas Erfahrung, das richtige Team und die richtigen Partnerinnen und Partner für die Umsetzung.

Vom Budget allein jedenfalls hängt der Erfolg nicht ab. Eine solide strategische Grundlage, hohe Kreativität und nicht zuletzt Kontinuität sichern im Standortmarketing den Erfolg.

Dortmund, Deutschland   Prof. Dr. Stefan Lennardt
Cristina Grüning

Inhaltsverzeichnis

1	**Einleitung**	1
2	**Standortwettbewerb und Standortmarketing**	3
	2.1 Wettbewerb um den Wohlstand von morgen und übermorgen	4
	2.2 Standortkonkurrenz international	6
	2.3 Innereuropäischer Standortwettbewerb	6
	2.4 Standortmarketing in Deutschland	7
	Literatur	9
3	**Erfolgreiches Standortmarketing mit Standortstrategie**	11
	3.1 Wirtschaftsförderung im Spannungsfeld zwischen globaler Entwicklung und lokalem Handeln	12
	3.2 Stabile Datenbasis	14
	3.3 Stärken und Schwächen meines Standorts analysieren	16
	3.4 Entwicklung einer Standortstrategie	17
	3.5 Handlungsfelder verstehen und bespielen	19
	Literatur	21
4	**Zielgruppen identifizieren und erreichen**	23
	4.1 Zielgruppen richtig beschreiben	24
	4.2 Die Stärken und Schwächen meines Standorts aus Sicht der Zielgruppen	26
	4.3 Den Wettbewerb kennen und analysieren	27
	Literatur	30

5 Anspruchsgruppen einbeziehen ... 31
- 5.1 Anspruchsgruppen und ihre Motive ... 32
- 5.2 Beteiligungsformate zum Einbinden der Anspruchsgruppen ... 35
  - 5.2.1 Workshops ... 35
  - 5.2.2 Umfragen ... 38
  - 5.2.3 Bürgerbeteiligung ... 39
  - 5.2.4 Gespräche mit Expertinnen und Experten ... 41
  - 5.2.5 Fokusgruppen ... 42
- 5.3 Information zum Standortmarketingprozess ... 44
- Literatur ... 46

6 Die Positionierung ... 47
- 6.1 Welche Zielgruppen möchte ich ansprechen – und warum? ... 47
- 6.2 Wie trete ich auf? ... 50
- 6.3 Welche Botschaft soll sich verfestigen? ... 51
- Literatur ... 53

7 Der richtige Maßnahmen-Mix ... 55
- 7.1 Gute Medienarbeit ... 56
- 7.2 Websites ... 57
- 7.3 Soziale Medien ... 62
- 7.4 Bilder und Videos ... 65
- 7.5 Über alle Kanäle hinweg: Content-Marketing ... 68
- 7.6 Print-Marketing und Corporate Publishing ... 69
- 7.7 Beziehungsmarketing ... 72
- 7.8 Veranstaltungen ... 73
- Literatur ... 75

8 Eine Kampagne richtig umsetzen ... 77
- 8.1 Die Ausschreibung ... 78
- 8.2 Die richtigen Dienstleistungsunternehmen identifizieren und auswählen ... 80
- 8.3 Dienstleistungen mit Briefings steuern ... 81
- 8.4 Erfolgskontrolle in der Umsetzung ... 83
- Literatur ... 87

9 Digitale Transformation und KI im Standortmarketing ... 89
- Literatur ... 93

10	**Besondere Disziplinen des Standortmarketings**	95
	10.1 Ansiedlung und Flächenvermarktung	96
	10.2 Arbeits- und Fachkräftemarketing	97
	10.3 Tourismusmarketing	98
	Literatur	100
11	**Standortmarketingkampagnen auf dem Prüfstand**	101
12	**Gesamtresümee und Abschlusskontrolle**	105

Einleitung 1

Das Standortmarketing ist eine der wichtigsten Disziplinen der Wirtschaftsförderung. Kurzfristige Erfolge sind dabei Mangelware: Zwar kann eine Veranstaltung gut besucht sein und ein Instagram Beitrag eine tolle „Performance" aufweisen, aber ob die eigene Strategie wirklich funktioniert, erfährt man meist erst nach Jahren. Es gibt in Deutschland nur relativ wenige Standorte, die effektiv und effizient mit ihren knappen Marketingressourcen umgehen. Im deutschen Standortmarketing fehlt es traditionell an Strategie und Kreativität.

Der vorliegende Text ist eine umfassende Weiterentwicklung der Grundlage, die wir für die Studierenden des Studiengangs Wirtschaftsförderung an der Offenen Hochschule Harz entwickelt haben. Er beruht auf Erfahrungen aus zahlreichen Projekten zum Standortmarketing überall in Deutschland und soll vor allem eine praktische Anleitung für den Alltag sein. Bei der Neufassung haben wir uns von zahlreichen Aktiven aus der Wirtschaftsförderung beraten lassen, denen wir die Erstauflage zu diesem Zweck zur Verfügung gestellt hatten.

Zentral für den Erfolg von gutem Standortmarketing sind eine stringente Strategieentwicklung sowie Präzision und hohe Kreativität in der Umsetzung. Auch wenn Erfolg (beispielsweise in verbesserten Imagewerten) sich erst langfristig messen lässt, müssen Wirkungsparameter regelmäßig überprüft werden, um nachzusteuern. All dies wird umso wichtiger, je niedriger die zur Verfügung stehenden Budgets sind.

Wir geben zunächst einen allgemeinen thematischen Überblick und betonen dann die grundlegende Bedeutung einer Gesamtstrategie für den Standort. Denn Standortmarketing sollte das Fehlen einer strategischen Ausrichtung nicht übertünchen müssen. Dann werden die einzelnen Schritte zur Erstellung der eigenen Standortmarketingstrategie durchdekliniert. Den geeigneten Maßnahmenmix haben wir zeitgemäß stark auf die digitale Kommunikation ausgerichtet. Damit sie gelingt, gibt es außerdem ein Kapitel zur richtigen Zielgruppendefinition. Auch gute Beispiele gehören dazu, wenn man für sich selbst einen hohen Lerneffekt erzielen will. Weil auch das Standortmarketing einem dynamischen Wandel unterliegt, aktualisieren wir solche Lernbeispiele regelmäßig auf einer eigens eingerichteten Internetseite. Zudem haben wir diese neue Auflage um das Thema Künstliche Intelligenz und die digitale Transformation ergänzt. Außerdem gehen wir auf wichtige Teildisziplinen im Standortmarketing ein, da diese im Alltag der Wirtschaftsförderung relevante Arbeitsbereiche sind, die mit dem Standortmarketing zusammengedacht werden sollten. Diese sind vor allem die Vermarktung und Imagebildung des Wirtschaftsstandortes, die Vermarktung von Gewerbeflächen, die Tourismuswerbung und das Fachkräftemarketing.

Wir haben uns um einen möglichst hohen praktischen Nutzen bemüht. Dazu gehören Checklisten, Lernfragen und Literaturhinweise. Wir freuen uns über Fragen, Diskussionsbeiträge und Ergänzungsvorschläge zu diesem einführenden Praxisband.

Standortwettbewerb und Standortmarketing

2

Zusammenfassung

Standortkonkurrenz ist die Konkurrenz um Wohlstand in der (teils nahen, teils fernen) Zukunft. Es geht ums „Image", aber nicht aus emotionalen, sondern aus handfesten Gründen: Nur attraktive Standorte ziehen Menschen an und wachsen, nur die Möglichkeit, Fachkräfte einzustellen lässt Unternehmen in eine Region investieren und nur attraktive Standorte ziehen auch Touristinnen und Touristen an. Der Trend zur Konzentration von Menschen in den Metropolen ist weltweit zu beobachten. China, Indien oder der afrikanische Kontinent holen hier eine Entwicklung nach, die in Europa und den USA schon früher stattgefunden hat. Trotzdem darf Standortmarketing nicht nur unter globalen Gesichtspunkten gesehen werden.

Lernziele
- Verständnis des weltweiten Standortwettbewerbs.
- Charakterisieren der wesentlichen Vorgänge im innerdeutschen Standortwettbewerb.
- Nennen der acht wesentlichen Kriterien einer „guten" Standortmarketingkampagne.

2.1 Wettbewerb um den Wohlstand von morgen und übermorgen

Warum sollten Standorte überhaupt Werbung für sich machen? Ist das nicht eine Verschwendung von Ressourcen? Weder die fundamentalen Daten eines Standortes noch die Entscheidungsparameter der Zielgruppen lassen sich ja substanziell durch Marketing beeinflussen: Wer eine Investitionsentscheidung in dreistelliger Millionenhöhe plant, wird sich von einem Video bei LinkedIn genauso wenig leiten lassen wie zum Beispiel eine Ingenieurin, die mit Sack und Pack (und Familie natürlich) einem neuen Arbeitsplatz hinterher ziehen soll.

Die angespannte Finanzlage legt vielen Kommunen nahe, auf Ausgaben für das Standortmarketing eher zu verzichten. Zumal die intensive Konkurrenz auch die Frage aufwirft, ob sich mit kleinen Budgets überhaupt etwas ausrichten lässt?

Dennoch ist das Standortmarketing eine Disziplin, die in der Wirtschaftsförderung erheblich an Bedeutung gewonnen hat. Erfolgreiche Standorte definieren sich als Marke, die entwickelt, aufgebaut und gepflegt werden muss.

Denn nicht nur weltweit, auch im kleinen regionalen Rahmen nimmt der Standortwettbewerb zu. Es sind nicht nur die „geborenen" Megacities, die diesen Wettbewerb miteinander austragen: Mumbai oder Johannesburg, Shanghai oder New York, Dubai oder London, Mexiko City oder Paris. Weltweit wachsen die Metropolen, und auch in Deutschland haben vor allem die Städte Zulauf. Der anhaltende Trend zum „Homeoffice" als Folge der Corona-Pandemie zu Beginn der 2020er-Jahre hat die Urbanisierung nur leicht gebremst; auch Mittelzentren scheinen (vor allem für Familien) attraktiv. Aber auch Biblis oder Straelen, Bad Kissingen oder Wilhelmshaven machen beim Standortwettbewerb mit – und sei es nur, weil sie eben müssen. Abb. 2.1 zeigt dabei die vielfältigen Tätigkeiten einer Wirtschaftsförderung – zwischen komplexen Aufgaben, höheren Anforderungen, neuen Themeninhalten und dem Trend zu selteneren Neuansiedlungen.

Standortkonkurrenz ist die Konkurrenz um Wohlstand in der teils nahen, teils fernen Zukunft. Es geht ums „Image", aber nicht vorrangig aus emotionalen, sondern aus handfesten Gründen:

- Als attraktiv wahrgenommene Standorte mit starker Markenpersönlichkeit tun sich leichter, Menschen anzuziehen: Menschen, die Arbeit oder Erholung suchen, Menschen, die Steuern zahlen, Menschen, die Kaufkraft mitbringen. Diese Attraktivität hat sowohl mit harten Fakten zu tun (Kinderbetreuung, Immobilienpreise, Bildungsangebot u. v. m.), als auch mit dem sozialen Gefüge und dem Markenwert einer Stadt oder Region.

2.1 Wettbewerb um den Wohlstand von morgen und übermorgen

Abb. 2.1 Aufgaben der Wirtschaftsförderung

- Trotz großer Produktivitätsfortschritte durch Digitale Transformation und Künstliche Intelligenz klagen Unternehmen aufgrund des demografischen Wandels über einen erheblichen, wachsenden Mangel an Arbeits- und Fachkräften. Unternehmen müssen Arbeitsplätze dort anbieten, wo Menschen auch wirklich leben wollen. Und ob sie das wollen, ist durch erfolgreiches Marketing beeinflussbar – aber nur, solange auch die „harten" Fakten stimmen.
- Auch an Gewerbeflächen herrscht Mangel in Deutschland. Verfügt ein Standort noch über Flächen, möchte er sie möglichst zielgenau vermarkten. Gibt es keine Flächen mehr, erfordert auch die Arbeit mit dem Immobilienbestand, die Standortattraktivität für Investorinnen und Investoren richtig darzustellen.
- Der Tourismus ist ein wachsender Wirtschaftszweig, der sich dynamisch entwickelt und verändert. Touristinnen und Touristen anzuziehen ist für die meisten Standorte eine wichtige und wirtschaftlich interessante Aufgabe. Erfolgreiches Standortmarketing sorgt bei aller Unterschiedlichkeit der Zielgruppen für eine übergreifende Kommunikation „aus einem Guss".

2.2 Standortkonkurrenz international

Stehen sogar Kontinente miteinander im Standortwettbewerb (Dörr et al., 2024)? Selbst in einer (trotz Pandemie, Konflikten und Kriegen) weitgehend globalisierten Welt lassen sich viele Güter nicht so kostengünstig transportieren, dass die Lohnkosten der alleinige Faktor für Produktionsverlagerungen sind – auch wenn Produktionsfaktoren insgesamt mobiler wurden (Gubler & Möller, 2006, S. 18). Hinzu kommt die benötigte Qualifikation von Arbeitnehmerinnen und Arbeitnehmern. Wer Autos auf dem amerikanischen Kontinent verkaufen will, wird sie häufig auch dort produzieren (müssen) – und der Wettbewerb um die Produktionsstätte ist dann ein intranationaler.

Ein Blick auf die geopolitische Strategie von China legt nahe, dass der Ausbau von Einflusszonen (bspw. auf dem afrikanischen Kontinent) oder von Produktoffensiven in Europa (Elektromobilität, Wein etc.) durchaus von intensiven Marketingaktivitäten begleitet wird. Hier geht es um das Image von Produkten und Nationen.

Im Tourismus sind die Marketingaktivitäten seit jeher stark international ausgerichtet. Die Reiselust ist (trotz Kritik an der Klimaschädlichkeit des Reisens) ungebremst (Tourismusnetzwerk Niedersachsen, o. J.), und auch hier findet ein intensiver Wettbewerb um Ressourcen statt.

Der Trend zur Konzentration von Menschen in den Metropolen ist weltweit zu sehen. China, Indien oder der afrikanische Kontinent holen hier eine Entwicklung nach, die in Europa und den USA schon früher stattgefunden hat (Birg, 2004). In China oder Afrika beispielsweise lässt sich beobachten, dass das rasante Wachstum von Städten hohe Belastungen für ihre Bewohnerinnen und Bewohner mit sich bringt. Dabei ist festzustellen, dass die wirklichen Metropolen erhebliche Mittel in ihr Marketing investieren. Große Bedeutung hat dabei die Architektur: „Landmarks" wie das Burj Khalifa, das London Eye oder der Jin Mao Tower werden als unverwechselbare weltweite Markenzeichen gesetzt und genutzt.

2.3 Innereuropäischer Standortwettbewerb

Demgegenüber wirkt der europäische Vergleich relativ bescheiden. Innereuropäischer Wettbewerb wird oft als Wettbewerb innerhalb der Europäischen Union um Subventionen und Investitionen wahrgenommen. Das gilt auch dann, wenn einzelne Mitgliedsstaaten sich Unternehmen durch Zahlung von Subventionen gegenseitig abspenstig machen.

Natürlich könnte man sagen, dass beispielsweise Paris und Berlin im Wettbewerb miteinander stünden, aber diese Betrachtung wirkt recht theoretisch: Städtetouristinnen und Städtetouristen werden auf Dauer wohl beide Städte sehen wollen, und für einen europäischen Unternehmenssitz sind ganz andere Parameter relevant.

Expandierende Unternehmen vor allem aus Asien scheinen eine Clusterung ihrer Standorte reizvoll zu finden. So ist es in der Region Köln/Düsseldorf gelungen, neben London den größten Schwerpunkt chinesischer Unternehmen in Europa aufzubauen. Eine genauso hohe Anziehung hat etwa der Raum Frankfurt traditionell seit der Nachkriegszeit für US-amerikanische Unternehmen – und die Region nutzt das.

Im Weiteren wird die Standortkonkurrenz in einem europäischen Mikro-Rahmen betrachtet, um systematisch vorzugehen.

2.4 Standortmarketing in Deutschland

Eine Betrachtung des Standortmarketings nur in Deutschland greift eigentlich zu kurz, denn deutsche Kommunen und Regionen konkurrieren (schon wegen der langen Außengrenzen) vielfach im europäischen Rahmen um Menschen und Investitionen. Andererseits konkurriert die Stadt Köln auch durchaus mit den nahe gelegenen ländlich geprägten Regionen, werben bayrische (hessische, brandenburgische und so weiter) Landkreise in Konkurrenz zueinander um Ansiedlungen, akquirieren deutsche Bundesländer schon traditionell eher gegen- als miteinander. Zudem ist eine Betrachtung des deutschen Marktes auch aus analytischen Gründen interessant.

Auffällig ist im Standortmarketing das hohe Engagement der Bundesländer: Landesregierungen haben die Aufgabe, das eigene Land zu promoten, eindeutig für sich entdeckt. Wiesner (2013, S. 18) sieht die Region als Versprechen eines gewissen Schutzes vor der Globalisierung. Die dazu eingesetzten Budgets sind erheblich, haben aber nicht unmittelbar mit der Größe des Bundeslandes zu tun.

So hat Sachsen ab 2014 eine sehr aufwändige neue Standortmarketingkampagne „So geht sächsisch" vorgelegt und immer weiterentwickelt. Baden-Württemberg hat (nach 23 Jahren mit „Wir können alles außer Hochdeutsch") mit „The Länd" wieder Anschluss an die Konkurrenz gesucht. „Das ist Thüringen" ist – gemessen an der Größe des Bundeslandes – eine ebenfalls aufwändige Kampagne. Rheinland-Pfalz warb ab 2020 mit dem kurz gefassten Anspruch „GOLD" für sich und verfügte im Jahr 2023 (zunächst einmalig) über ein achtstelliges Jahresbudget (o. A., 2023).

Die großen Städte wie Berlin oder Hamburg sind eigentlich „natürliche" Anziehungspunkte, investieren aber dennoch viel ins Marketing. Nur eine Minderheit, darunter aber das größte Bundesland Nordrhein-Westfalen, agieren erkennbar zurückhaltend.

Auf der Ebene von Regionen, Landkreisen und Kommunen sind die Standortmarketingkampagnen von sehr unterschiedlicher Intensität und Qualität. Zur Beurteilung müsste zunächst die Frage gestellt werden: Was ist eine gute Standortmarketingkampagne?

Nach unserer Auffassung erfüllt eine „gute" Standortmarketingkampagne diese Kriterien
- Sie beruht auf einer stringenten Gesamtstrategie für den Standort.
- Sie verfolgt ein klares Konzept: Mit Zielen, Zielgruppen und einer klaren Markenpositionierung.
- Sie kommuniziert den Standort für alle relevanten Zielgruppen koordiniert und einheitlich.
- Sie beruht auf belastbaren Fakten, nicht auf Behauptungen.
- Sie ist kreativ, zeitgemäß und einzigartig in der Umsetzung.
- Sie setzt auf (Bewegt-)Bilder und eine emotionale Ansprache.
- Sie wird auch im Inneren unterstützt – ohne deshalb beliebig zu werden.
- Sie ist realistisch in Bezug auf das verfügbare Budget und andere Ressourcen.

Diese Liste ist ein erfahrungsbasierter Vorschlag, aber man mag mit guten Gründen weitere Kriterien finden. Jedenfalls macht diese Liste sofort deutlich: Insgesamt betrachtet steht es nicht sehr gut um das Standortmarketing in Deutschland. Ohne dabei auf die zahlreichen konkreten Einzelfälle einzugehen, muss man sagen: Zu selten gibt es tatsächlich eine Vorstellung davon, wohin ein Standort sich entwickeln möchte (Häusler & Häusler, 2023; Zenker, 2013, S. 16). Viele Kommunen, Kreise und Regionen haben kein darauf aufbauendes Konzept. Häufig fehlt es an der Klarheit der Marke, an Stringenz bei Konzept und Umsetzung. Und sehr oft werden die knapp bemessenen Mittel so eingesetzt, dass ihre Wirkung verpufft.

Das müsste nicht sein: Auch mit relativ kleinen Budgets können Standorte im Standortwettbewerb erfolgreich „mitmischen", wenn sie konzeptionell sauber an ihre Aufgabe herangehen. Und wenn sie Mut und (vor allem:) Kreativität entwickeln.

Resümee
1. Der Standortwettbewerb nimmt weltweit zu, die dafür eingesetzten Mittel steigen weiter an.
2. Die Standortkommunikation in Deutschland (v. a. von Bundesländern) hat erheblich zugenommen.
3. Erfolgreiche Standortkommunikation muss (acht) klaren Kriterien genügen.
4. Das Standortmarketing in Deutschland leidet an zu geringen Budgets, die durch fehlende konzeptionelle Klarheit nicht effizient genug eingesetzt werden.

> **Kontroll- und Lernfragen**
>
> 1. Warum nimmt die Intensität im Standortwettbewerb zu?
> 2. Wie hängen Globalisierung und Standortmarketing zusammen?
> 3. Was sind die wichtigsten Motive für Standortmarketing?
> 4. Was sind Qualitätskriterien für „gutes" Standortmarketing?

Literatur

Birg, H. (2004). *Die Weltbevölkerung. Dynamik und Gefahren.* Beck.
Dörr, L., Gründler, K., Heil, P., Potrafke, N., & Wochner, T. (2024). *Experteneinschätzungen zum globalen Standortwettbewerb.* ifo Institut.
Gubler, R., & Möller, C. (2006). *Standortmarketing – Konzeption, Organisation und Umsetzung.* Haupt.
Häusler, E., & Häusler, J. (2023). *Wie Städte zu Marken werden.* Springer Gabler.
o. A. (2023, April 19). Standortkampagne: Mehr Fachkräfte in Rheinland-Pfalz. *SZ Online.* https://www.sueddeutsche.de/wirtschaft/tourismus-standortkampagne-mehr-fachkraefte-in-rheinland-pfalz-dpa.urn-newsml-dpacom-20090101-230419-99-373506. Zugegriffen am 14.06.2024.
Tourismusnetzwerk Niedersachsen. (o.J.). Zahlen zur Nachfrage. https://nds.tourismusnetzwerk.info/inhalte/klimawandelnachhaltigkeit/nachhaltigkeit/nachhaltiger-tourismus-angebot-und-nachfrage/. Zugegriffen am 14.06.2024.
Wiesner, K. (2013). *Erfolgreiches Regional- und Standortmarketing.* KSB Media.
Zenker, S. (2013). Eine Stadtmarke ist kein Luxus – sondern ökonomische Notwendigkeit. In T. Kausch, P. Pirck, & P. Strahlendorf (Hrsg.), *Städte als Marken. Strategie und Management* (S. 14–19). New Business.

Erfolgreiches Standortmarketing mit Standortstrategie

3

Zusammenfassung

Marketing-Aktionismus kann das Fehlen einer Gesamtstrategie für den Standort für eine Weile überdecken. Funktionieren wird dieser Ansatz auf Dauer aber nicht. Die Institutionalisierung von Netzwerken innerhalb funktionierender Industrie-Cluster scheint für das Herausbilden von Standortvorteilen ein entscheidender Faktor zu sein. Es werden aber nur diejenigen deutschen Regionen davon profitieren, die ihre Strategie auf einer sauberen Analyse aufbauen. Die breite, frei zugängliche Datenbasis unterstützt hierbei, eine Ergänzung durch qualitative Forschung ist sinnvoll.

Lernziele
- Demografische Trends und ihre Folgen beurteilen.
- Die Wichtigkeit umfangreicher Standort-Daten für Zielgruppen erläutern.
- Sinnvolle Ziele einer Standortstrategie gestalten.
- Die eigenen Handlungsfelder darstellen.
- Die Funktion einer Stärken-Schwächenanalyse erläutern.
- Den Nutzen eines Benchmarkings der eigenen (auch kommunikativen) Leistungen bewerten.

„Kommunale Wirtschaftsförderung wird heute als Summe aller Maßnahmen wahrgenommen, die kommunale und regionale Rahmenbedingungen für wirtschaftliches Handeln so beeinflussen, dass die Arbeits- und Lebensbedingungen für Menschen in einer Kommune oder in einer Region positiv beeinflusst werden." (AGKW NRW, 2010)

Das ist ein hoher Anspruch. Unser Thema ist das Standortmarketing als eines von mehreren Werkzeugen erfolgreicher Wirtschaftsförderung. Ein Grundkurs in Aufgaben, Strategie und Praxis der Wirtschaftsförderung würde diesen Rahmen sprengen. Es kann aber nicht oft genug betont werden: Standortmarketing kann keinen nachhaltigen Erfolg haben, wenn die strategischen Grundlagen nicht stimmen. Ein Standort ohne Strategie braucht (überspitzt gesagt) auch kein Standortmarketing.

Auch wenn das unmittelbar einsichtig ist, so bildet es doch nicht unbedingt die Realität ab. Denn die Erstellung einer klugen Standortstrategie ist nicht ganz einfach, die Wahlperioden sind zu kurz für eine langfristige Herangehensweise. Und wenn etwas Budget zur Verfügung steht, dann ist es durchaus verlockend: Ein bisschen Marketing-Aktionismus kann den Mangel an Strategie für eine Weile überdecken. Aber nicht auf Dauer.

3.1 Wirtschaftsförderung im Spannungsfeld zwischen globaler Entwicklung und lokalem Handeln

Globalisierung ist kein neuer Trend, sondern seit Jahrzehnten Realität. Das Besondere ist die Beschleunigung, die zu einer Verschiebung der wirtschaftlichen Gleichgewichte zwischen den Kontinenten führt. Produktionskapazitäten und industrielle Arbeitsteilung verändern sich weltweit, Handelsströme wachsen exponentiell an. Die Corona-Pandemie zu Beginn der 2020er-Jahre und militärische Angriffe auf Engpässe der Schifffahrtswege haben die Verletzlichkeit von Lieferketten betont. Das Bemühen um nachhaltiges Wirtschaften betont nicht nur bei Endverbraucherinnen und Endverbrauchern die Bedeutung von Regionalität. Westliche Industrienationen (auch Deutschland) versuchen, ihre Abhängigkeit von Staaten wie Russland (v. a. Energie) und China zu verringern (Auswärtiges Amt, 2023, S. 13; Bundesministerium für Wirtschaft und Klimaschutz, 2022, S. 1). Das alles ändert nichts daran: Die Wirtschaft ist (und bleibt) „global" (Huwart & Verdier, 2014, S. 3 f.).

In der mit „Industrie 4.0" bezeichneten Beschleunigung des technologischen Wandels durch Digitale Transformation werden Informationstechnologien, Vernetzung, innovative Werkstoffe, Logistik und mehrere andere Faktoren zu einer neuen Stufe der Wertschöpfung gebündelt, für die die „intelligente Fabrik" als Symbol steht.[1] Abb. 3.1 gibt einen Überblick über neue Anforderungen, die sich aus den Entwicklungen rund um das Thema Industrie 4.0 ergeben.

---

[1] Eine Übersicht zum Thema liefern beispielsweise Botthof und Hartmann (2015).

3.1 Wirtschaftsförderung im Spannungsfeld zwischen globaler Entwicklung ...

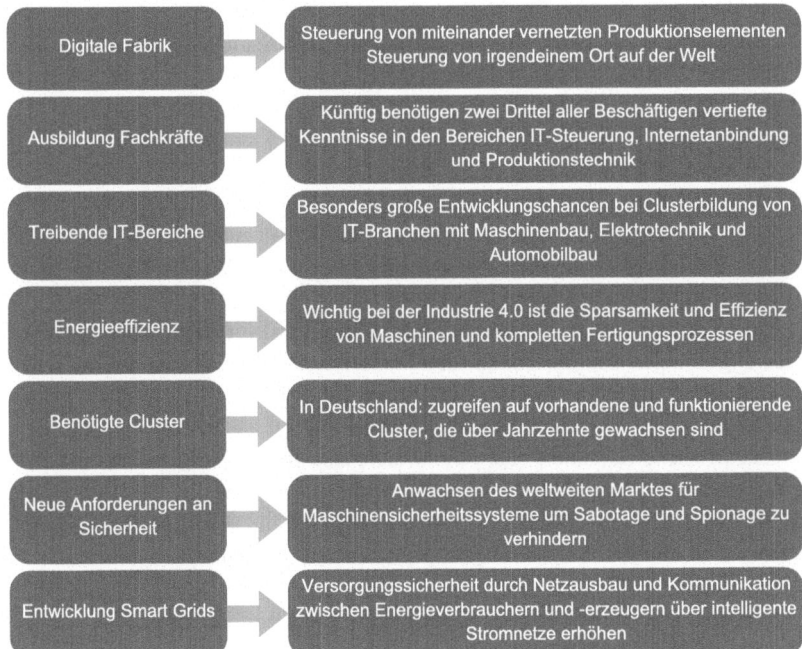

Abb. 3.1 Zukünftige Industrie = Industrie 4.0

Deutschland hat hier durch herausragende Ausbildung, technisches Know-How und funktionierende Industrie-Cluster durchaus noch Standortvorteile gegenüber anderen Standorten. Die Institutionalisierung der Netzwerke scheint hierbei ein entscheidender Faktor zu sein (Bundesministerium für Bildung und Forschung, 2023; Heinze, 2014, S. 555). Es werden aber nur diejenigen deutschen Regionen von diesem Trend profitieren, die ihn auch anpacken und entschlossen nutzen – die also gewissermaßen darauf „surfen".

Zu berücksichtigen sind neben der Globalisierung auch die nationalen Entwicklungen, vor allem die demografische Entwicklung:

- Die Menschen streben weiter in die Städte. Das müssen keine Großstädte sein, aber vor allem junge Familien wollen eine vollständige Infrastruktur (Münter & Osterhage, 2018).
- Den Prognosen nach stehen vor allem ländliche Regionen vor einem weiteren Bevölkerungsrückgang (Bertelsmann Stiftung, 2024).

- Die Alterspyramide steht Kopf: Der wachsenden Zahl von älteren Menschen steht eine schrumpfende Gruppe von Jugendlichen gegenüber, die immer häufiger Abitur machen, studieren und im Rahmen der Bildungswanderung in Städte streben.
- Die wachsende Zahl der Älteren braucht auch eine geeignete Infrastruktur.

Um diesen Trends zu begegnen, bräuchte Deutschland jedes Jahr etwa 400.000 qualifizierte Einwanderinnen und Einwanderer (Süddeutsche Zeitung, 2021). Die Integration von Geflüchteten in den Arbeitsmarkt gelingt zudem kaum. Die demografischen Trends laufen darauf hinaus, das nachhaltige Wachstum von Unternehmen erheblich zu behindern.

Einen guten, instruktiven Überblick über aktuelle und vor allem zukünftige Entwicklungen liefert die Systematik des Frankfurter Zukunftsinstituts: Die zwölf „Megatrends" können wirksam bei der Strategieentwicklung unterstützen, indem man sie auf die eigene, lokale Situation bezieht.[2]

Jede deutsche Kommune oder Region steht also vor der Aufgabe, globale Entwicklungen und Megatrends zu beobachten und zu bewerten und gleichzeitig das eigene lokale Handeln darauf abzustimmen. Und zwar mit einem Zeithorizont von besser 20 als 10 Jahren, wenn eine Strategie wirklich greifen soll.

3.2 Stabile Datenbasis

Eine wichtige Voraussetzung für die Entwicklung einer langfristigen und erfolgreichen Strategie ist die fachgerechte Analyse einer breiten Datenbasis. Wirtschaftsförderungen müssen ihre Region sowohl im Jetzt als auch im Morgen kennen. Unternehmen sammeln auch laufend Daten, ohne die keine Investitionsentscheidung getroffen werden könnte (Balderjahn, 2014, S. 55 ff.).

Für die allgemeinen Trends der Globalisierung gibt es umfassende Literatur; Fakten und Prognosen sind nicht schwer zu beschaffen.[3] Die Aufgabe besteht eher darin, die relevanten Informationen aussagekräftig zu filtern. Und es ist wichtig, die Ergebnisse aus lokaler Sicht zu analysieren: Wenn es beispielsweise einen starken Logistik-Schwerpunkt gibt – was bedeuten die globalen Warenströme aus dieser Perspektive? Abb. 3.2 gibt eine schematische Übersicht zum empfohlenen Ablauf der Datenerhebung und ihrer Analyse.

---

[2] Alles zu den Megatrends erfahren Sie online unter www.zukunftsinstitut.de/blog-megatrends.
[3] Eine erste Anlaufstelle bietet z. B. die Bundeszentrale für politische Bildung (2013), die einen Übersichtsband zu globalen Trends mit übersichtlichen Grafiken zusammengestellt hat. Einen aktuellen Einblick in die Zeitenwende am Arbeitsmarkt bieten Boning und Rinne (2022).

3.2 Stabile Datenbasis

Standortdatenanalyse

Demografische Entwicklung	Wirtschaftsdaten
• Altersstruktur	• Branchenstruktur
• Bevölkerungsentwicklung	• Arbeitsmarkt / Gewerbstätigkeit
• Wanderungsverhalten	• Unternehmensstruktur
• Bildungswanderung	• Kaufkraft

Bildung	Weitere Faktoren
• Schulen	• Infrastruktur / Verkehr
• Auszubildende	• Immobilienmarkt
• Studierende	• Wohnungsmarkt
• Weiterbildungsinstitutionen	• Tourismus / Kultur / Freizeitwirtschaft
	• Umwelt / Energie

Sekundärstatistische Analyse

Analyse sozioökonomischer Trends

Sekundärstatistische Analyse von Raumordnungsplänen etc.

Analyse Standortentwicklung

Experteninterviews

Interpretation und Bewertung der Analyseergebnisse hinsichtlich standortspezifischer Stärken/Schwächen/Chancen/Risiken und Zielgruppen

Abb. 3.2 Datenerhebung und ihre Analyse

Für Deutschland stellen unter anderem die Statistischen Landesämter und das Bundesamt eine breite Auswahl an Daten zur Verfügung. Mit den verfügbaren Prognosen ist es ohne Weiteres möglich, die Trends für die eigene Region beispielsweise bei den demografischen Daten abzulesen. Richtig ist aber auch: Prognosen bspw. zur Bevölkerungsentwicklung haben sich häufig nicht erfüllt. Man muss sie auch nicht einfach hinnehmen – aktives Gegensteuern ist durchaus möglich.

Interessant sind aus Sicht der Wirtschaftsförderung stets die Fachkräfteprognose, die Trends im Wohnungsmarkt, die Entwicklung kommunaler Haushalte und vor allem die Identifikation und Entwicklung der für den Standort relevanten Schlüsselbranchen. Bundesweit sind verschiedene weitere Indikatoren verfügbar, um den Status Quo eines Wirtschaftsstandortes abzubilden.

Dabei können auch auf den ersten Blick „exotische" Paramater interessante Einsichten bieten – die sogenannte „Arbeitsplatzzentralität"[4] ist vor allem im Zeitablauf ein wichtiger Indikator, was bei der Tourismusintensität schon unmittelbar einleuchtet. Bautätigkeit und Pflegequote, Berufspendler-Saldo und Existenzgründungsquote – vor allem im Vergleich mit den richtigen Vergleichsstandorten als Benchmarking-Partnern ergibt sich ein helles Bild.

Auch die Schwerpunktbranchen und Kompetenzfelder eines Standortes lassen sich mit Daten ermitteln, die zum Teil bei der Bundesagentur für Arbeit bezogen werden können. Für das Standortmarketing haben sie nicht nur strategische, sondern auch eine ganz praktische Bedeutung: Wer weiß, in welchen Branchen, Clustern oder Wettschöpfungsketten er „zuhause" ist, kann seine Zielgruppen für das Investmentmarketing ganz direkt ansteuern – bis hin zu konkreten Unternehmen, Namen und Adressen, die im Adresshandel verfügbar sind.

Es kommt natürlich nicht nur darauf an, sich möglichst umfangreiche Datenbestände zu besorgen. Diese müssen immer gründlich verglichen und ausgewertet werden – was in vielen Fällen externe Hilfe erfordern wird. Um die richtigen Handlungsempfehlungen abzuleiten, ist eine Interpretation notwendig. Auch die Auswahl der richtigen Vergleichsstandorte oder -regionen für ein Benchmarking will gründlich überlegt sein.

3.3 Stärken und Schwächen meines Standorts analysieren

Standortmarketing kann nur erfolgreich sein, wenn der Standort ehrlich zu sich selbst ist. Das gilt schon für die Analyse. Aber Kommunen und Regionen neigen dazu, sich die harten Fakten schön zu diskutieren. Weil Entscheidungen oft in Gremien fallen, wird zudem oft der kleinste gemeinsame Nenner als Ersatz für eine Positionierung ausgewählt. Dann endet eine komplexe Diskussion leicht mit dem Argument, am besten lasse sich die Debatte mit dem Begriff „Vielfalt" zusammenfassen, denn diese „unglaubliche Vielfalt" gebe es schließlich nur hier.

---

[4] „Sozialversicherungspflichtig Beschäftigte am Arbeitsort je 100 sozialversicherungspflichtig Beschäftigte am Wohnort im Standortvergleich".

3.4 Entwicklung einer Standortstrategie

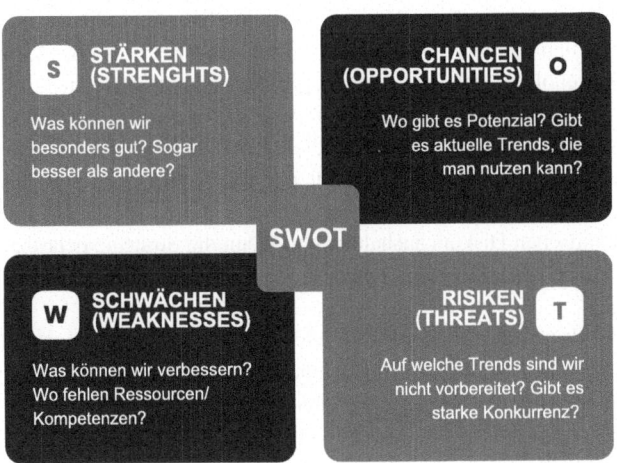

Abb. 3.3 Die SWOT-Analyse

Vielfalt ist keine Positionierung, sondern ihr Gegenteil: Es ist das Scheinargument der Verliererinnen und Verlierer. Nur wenige Standorte können Vielfalt überzeugend einsetzen. So gehört Vielfalt im Sinne von „Diversity" in Amsterdam zum Markenkern: Die Stadt zieht Menschen an, weil hier jede und jeder weitgehend sein und leben kann, wie er oder sie eben ist. Ähnliches gilt für New York, in engen Grenzen für Köln oder Berlin. Aber eben nicht für alle Städte in Deutschland. Vergessen Sie nicht: Eine Marke ist auch ein Versprechen (Esch, 2014, S. 358), das eingehalten werden muss.

Die Analyse von Stärken und Schwächen setzt voraus, dass ich meine Ziele, meine Zielgruppen und die entscheidungsrelevanten Parameter schon kenne.

Für die Analyse von Stärken und Schwächen genügt in vielen Fällen eine einfache SWOT-Analyse. Dieses Werkzeug ist bekannt und wird sofort verstanden. Wichtig ist, dabei „Stärken-Schwächen" aus der Binnensicht, Chancen-Risiken aber dezidiert aus der Sicht der Zielgruppe zu betrachten.

Die Abb. 3.3 gibt eine Übersicht über Aspekte, die eine umfassende SWOT-Analyse für einen Standort umfassen sollte.

3.4 Entwicklung einer Standortstrategie

Die Entwicklung einer Strategie für den eigenen Standort (gern wird „Masterplan" dazu gesagt) ist eine komplexe, aber lösbare und eben notwendige Aufgabe. Sie wird ohne externe Hilfe in den meisten Fällen schwer zu lösen sein.

Kompliziert wird die Strategieentwicklung durch die Vielzahl der interessierten Akteurinnen und Akteure: Mit beispielsweise Bürgermeister oder Landrätin als einzige „Stakeholder" ließe ein Strategieprozess sich meist „schmerzfrei" organisieren. Stattdessen müssen Wirtschaft, Verwaltung, Kammern und Politik, eigentlich auch die Öffentlichkeit und die Medien, berücksichtigt werden, wenn das am Ende gefundene Konzept auch Unterstützung finden soll. Eine gute Strategie erfordert eine stringente Entwicklung. Sie muss aber nachvollziehbar sein und auch den demokratischen Diskurs aushalten. Nur wenn die Strategie belastbar ist, können Kommunen oder Regionen langfristig erfolgreich kommunizieren (Kausch, 2013, S. 38).

Das führt dazu, dass die Strategieentwicklung auch Beteiligung enthalten muss. Dazu tragen Unternehmensbefragungen, Tiefeninterviews, Workshops, Diskussionsveranstaltungen und Öffentlichkeitsarbeit bei (Kap. 5). Die Steuerbarkeit ist umso höher, je sauberer die Datenbasis herausgearbeitet wurde und je professioneller der Prozess umgesetzt und begleitet wird.

Letztlich muss eine Kommune (meist besser: eine Region) im Rahmen eines stringenten Strategieprozesses im Wesentlichen diese Fragen für sich klären
- Welches Wettbewerbsumfeld ist relevant?
- Wo genau stehen wir in diesem Wettbewerb?
- Was sind unsere konkreten Ziele (in fünf, zehn, zwanzig Jahren)?
- Auf welchen Handlungsfeldern müssen, auf welchen wollen wir arbeiten?
- Mit welchen konkreten Projekten erreichen wir dort unsere Ziele?
- Welche Ressourcen erfordert das?
- Wie machen wir die Ergebnisse messbar, um in ein laufendes Controlling zu kommen?

Die Strategieentwicklung besteht also nicht zum kleinsten Teil aus der Formulierung von konkreten Zielen: Zu klären ist, wo ein Standort wirklich hin will – und ob das angesichts der Rahmendaten realistisch ist. Das konkrete Ergebnis sollte ein solides Handbuch sein, das auch nach einigen Jahren noch gern in die Hand genommen wird. Ein „Powerpoint-Friedhof" von 500 Folien kann die Umsetzung dagegen erschweren.

> **Für die Strategieentwicklung gelten insgesamt folgende Hinweise**
> - Ohne Strategie und Schwerpunktsetzung werden Standorte im Wettbewerb abgehängt.
> - Sie müssen weitsichtig und langfristig planen. Der Erfolg aus einer Strategie ist erst nach etwa zehn Jahren wirklich spürbar.
> - Beobachten Sie vor allem den extrem schnellen Wandel in der Industrie für Ihre Schwerpunktbranchen (vor Ort, in Deutschland, in Europa und global).
> - Es reicht nicht, nur eine Strategie aufzustellen. Diese Strategie muss auch professionell und ergebnisorientiert umgesetzt werden können. Strukturen und Ressourcen müssen passen.
> - Der übliche Wettbewerb zwischen den Kommunen löst die Probleme nicht. Richtig ist fast immer eine abgestimmte Zusammenarbeit im regionalen Rahmen.

Erst auf Grundlage einer Standortstrategie, die diesen Maßgaben folgt, macht auch die Entwicklung eines passenden Standortmarketingkonzeptes Sinn.

3.5 Handlungsfelder verstehen und bespielen

Der Alltag der Wirtschaftsförderung ist geprägt von zahlreichen grundlegenden Arbeiten, die für den Gesamterfolg (auch der Strategie) unerlässlich sind. So ist die aktive Betreuung der Bestandsunternehmen eine zeitraubende, aber wichtige Aufgabe. Die Kommunikation mit den relevanten Stakeholdern in Politik, Wirtschaftsorganisationen, Medien und Öffentlichkeit nimmt viel Zeit in Anspruch. Wo es noch Flächen gibt, sind Management und Vermarktung zeitraubend. Zudem wird die Wirtschaftsförderung als Querschnittsaufgabe in viele Projekte und Prozesse eingebunden – von der digitalen Transformation der Verwaltung über die Stadt- und Verkehrsplanung bis hin zur Kommunalen Wärmeplanung als Kernaufgabe der Dekarbonisierung des Standortes.

Handlungsfelder einer Standortstrategie sollten demgegenüber die Projekte und Aufgaben definieren, in denen die Strategie zu relevanten Veränderungen führen soll. Nicht immer aber ist die Trennlinie scharf zu ziehen: Die Attraktivierung der Innenstadt wird man mit guten Gründen als Daueraufgabe verstehen können – versehen mit klaren, SMARTen Zielen[5] (eventuell auch mit Fördermitteln) wird sie häufig zum Handlungsfeld.

---

[5] SMARTe Ziele sind eine Methode, um Ziele möglichst klar und präzise zu formulieren (Bundesministerium des Innern und für Heimat, o. J.).

Abb. 3.4 Das strategische Ziel ist der Mittelpunkt aller Handlungsfelder

Welche Handlungsfelder bespielt werden müssen, um die Strategie umzusetzen, hängt nach gründlicher Analyse von den strategischen Zielen ab. Das Wirtschaftsförderungskonzept für die Landeshauptstadt Mainz nennt insgesamt neun Handlungsfelder: Unternehmensservices und Bestandspflege, Gründungen, Standortentwicklung und Digitale Infrastruktur, Cluster und Netzwerke, Innenstadtentwicklung, Standortmarketing, Investment und Ansiedlung, Menschen und Kompetenzen, Foresight und Strategieentwicklung (Stadt Mainz, 2023).

Entscheidend für den Erfolg in einzelnen Handlungsfeldern ist neben klaren Zielen die Hinterlegung mit einer realistischen, also: leistbaren, Anzahl konkreter Projekte. Steht ein strategisches Ziel also im Mittelpunkt der Bemühungen einer Wirtschaftsförderung, können die definierten Handlungsfelder dazu passend bespielt werden, wie Abb. 3.4 zeigt.

Resümee
1. Standortmarketing ist sinnlos, wenn es keine Gesamtstrategie für die Entwicklung des Standortes gibt.
2. Langfristige Trends wie Globalisierung, „Industrie 4.0" oder auch die gesellschaftlichen „Megatrends" müssen in engem Bezug zum eigenen Standort analysiert und mit einer lokalen, besser noch: einer regionalen Strategie beantwortet werden.

3. Voraussetzung einer guten Strategie ist die fachlich saubere Analyse einer breiten Datenbasis, am besten im Vergleich (Benchmarking).
4. Eine effektive Strategie ist faktenbasiert und kann nicht per Meinungsumfrage ermittelt werden. Dennoch ist die Einbeziehung der Politik ein entscheidender Erfolgsfaktor für die Zielsetzung und die Umsetzung.
5. Strategien wirken langfristig. Aus Sicht der Kommunal- und Landespolitik heißt das: Der Zeithorizont beträgt eher vier als eine Wahlperiode.
6. Nur eine ehrliche Stärken- und Schwächenanalyse schafft die Basis für erfolgreiche Kommunikation. Eine Positionierung über die Vielfalt einer Region macht vielleicht alle glücklich, sie funktioniert aber nur in Ausnahmefällen.

Kontroll- und Lernfragen

1. Was sind sinnvolle Ziele für eine Standortstrategie?
2. Wie kann ein Landkreis auf Globalisierung und Industrie 4.0 richtig reagieren?
3. Mit welchen Kommunen oder Regionen sollte sich ein Standort vergleichen? Und warum?
4. Welche Daten liefern geeignete Entscheidungsgrundlagen für die Entwicklung einer Standortstrategie?
5. Aus welchen Gründen muss die Politik in die Strategieentwicklung einbezogen werden?
6. Warum erfordert ein Standortmarketingkonzept eine grundlegende Standortstrategie?
7. Warum ist „Vielfalt" das Gegenteil einer Positionierung?

Literatur

Arbeitsgemeinschaft kommunale Wirtschaftsförderung in Nordrhein-Westfalen (AGKW NRW). (2010). Auszug aus der Duisburger Erklärung.
Auswärtiges Amt. (2023). China-Strategie der Bundesregierung. https://www.auswaertiges-amt.de/blob/2608578/810fdade376b1467f20bdb697b2acd58/china-strategie-data.pdf. Zugegriffen am 16.07.2024.
Balderjahn, I. (2014). *Standortmarketing* (2. Aufl.). UTB GmbH.
Bertelsmann Stiftung. (2024). Bevölkerungsentwicklung in Deutschland verläuft bis 2040 regional sehr unterschiedlich. https://www.bertelsmann-stiftung.de/de/themen/aktuelle-meldungen/2024/april/bevoelkerungsentwicklung-in-deutschland-verlaeuft-bis-2040-regional-sehr-unterschiedlich#detail-content-246758-3. Zugegriffen am 16.07.2024.

Boning, H., & Rinne, U. (2022). Die Zeitenwende erreicht den deutschen Arbeitsmarkt. *Wirtschaftsdienst, 102/9*, 665–668.

Botthof, A., & Hartmann, E. A. (Hrsg.). (2015). *Zukunft der Arbeit in der Industrie 4.0*. Springer.

Bundesamt für Wirtschaft und Klimaschutz. (2022). Fortschrittsbericht Energiesicherheit. https://www.bmwk.de/Redaktion/DE/Downloads/Energie/0325_fortschrittsbericht_energiesicherheit.pdf?__blob=publicationFile&v=10. Zugegriffen am 16.07.2024.

Bundesministerium des Innern und für Heimat. (o.J.). SMART-Regel/SMART-Methode. https://www.orghandbuch.de/Webs/OHB/DE/OrganisationshandbuchNEU/4_MethodenUndTechniken/Methoden_A_bis_Z/SMART_Regel_Methode/SMART_Regel_Methode_node.html. Zugegriffen am 16.07.2024.

Bundesministerium für Bildung und Forschung. (2023). Cluster-Netzwerke-International. https://www.bmbf.de/bmbf/de/forschung/zukunftsstrategie/cluster-netzwerke-international/cluster-netzwerke-international_node.html. Zugegriffen am 17.06.2024.

Bundeszentrale für politische Bildung. (2013). *Zeitenwende auf dem Arbeitsmarkt: Wie der demografische Wandel die Erwerbsgesellschaft verändert*. Bundeszentrale für politische Bildung.

Esch, F.-R. (2014). *Strategie und Technik der Markenführung* (8. Aufl.). Vahlen.

Heinze, R. (2014). Regionale Wirtschaftsförderung als Schnittstellenmanagement im globalen Wirtschaftsumbruch. In R. Beck, R. Heinze, & J. Schmid (Hrsg.), *Zukunft der Wirtschaftsförderung* (S. 553–590). Nomos.

Huwart, J., & Verdier, L. (2014). *Die Globalisierung der Wirtschaft: Ursprünge und Auswirkungen*. OECD Publishing.

Kausch, T. (2013). Erfolgreiches Managen von Markenprozessen im komplexen System Stadt. In T. Kausch, P. Pirck, & P. Strahlendorf (Hrsg.), *Städte als Marken. Strategie und Management* (S. 36–43). New Business.

Münter, A., & Osterhage, F. (2018). *Trend Reurbanisierung? Analyse der Binnenwanderungen in Deutschland 2006 bis 2015*. Bertelsmann Stiftung.

Stadt Mainz. (2023). Wirtschaftsförderung in Mainz 2030. Konzept für die Wirtschafts- und Strukturförderung der Landeshauptstadt Mainz. www.mainz.de/wirtschaft2030. Zugegriffen am 16.07.2024.

Süddeutsche Zeitung. (2021, August 24). Arbeitsagentur-Chef: Brauchen 400.000 Zuwanderer pro Jahr. *Süddeutsche Zeitung*. https://www.sueddeutsche.de/karriere/arbeitsmarkt-arbeitsagentur-chef-brauchen-400-000-zuwanderer-pro-jahr-dpa.urn-newsml-dpa-com-20090101-210824-99-946632. Zugegriffen am 16.07.2024.

Zielgruppen identifizieren und erreichen

4

Zusammenfassung

Wirtschaftsförderung sieht Unternehmen als wichtigste Kundinnen und Kunden und hat zudem das Ziel, (Steuern zahlende) Einwohnerinnen und Einwohner sowie Unternehmen anzusiedeln und am Standort zu halten. Die Beziehungen einer Wirtschaftsförderung zu den Unternehmen vor Ort sind also sehr bedeutend. Investorinnen und Investoren haben im Kern sehr ähnliche Ansprüche an den Standort und seine Wirtschaftsförderung – egal, ob sie von außerhalb kommen und einen Standort suchen oder nach einer Möglichkeit zur Standorterweiterung Ausschau halten. Durchaus kann es zwischen diesen beiden Zielgruppen konkurrierende Interessen geben, genau wie zwischen Touristinnen und Touristen, der Bevölkerung und der Politik. Für die passende Ansprache müssen die Handlungsfelder einer Wirtschaftsförderung verstanden und die eigenen Stärken und Schwächen ehrlich identifiziert werden. Auch die Analyse des Wettbewerbs ist ein wichtiger Bestandteil dieser Aufgabe.

Lernziele
- Die verschiedenen Zielgruppen der Wirtschaftsförderung nennen.
- Zielgruppen richtig segmentieren und beschreiben.
- Ihre Sichtweisen analysieren.
- Zielgruppen bestmöglich erreichen.

© Der/die Autor(en), exklusiv lizenziert an Springer Fachmedien Wiesbaden GmbH, ein Teil von Springer Nature 2024
S. Lennardt, C. Grüning, *Standortmarketing in der Wirtschaftsförderung*,
https://doi.org/10.1007/978-3-658-46309-0_4

4.1 Zielgruppen richtig beschreiben

Wer erfolgreich kommunizieren möchte, muss sich gründliche Gedanken über die Zielpersonen machen – über Ihre Motivation, ihre Interessen, ihre Lebensumstände, ihre Mediennutzung. Dieses gründliche Nachdenken wird im Grunde umso wichtiger, je kleiner die verfügbaren Budgets sind. In der alten, beinahe schon untergegangenen Medienwelt reichte eine Kombination aus gekaufter Werbung (z. B. im TV) und gut gemachter PR häufig aus, um die eigenen Kommunikationsziele zu erreichen. Das ist aber lange her – heute müssen wir konsequent „crossmedial" denken.

Damit wird es schwieriger und einfacher zugleich: Schwieriger, weil die Individualisierung der Gesellschaft es komplizierter macht als „früher", Menschen in Gruppen zusammenfassend zu beschreiben. Einfacher, weil Internetkonzerne wie Google und Meta allen, die Geld ausgeben können, einen sehr einfachen Zugang zu recht spezifischen Zielgruppen ermöglichen – man muss es sich eben nur leisten können (und wollen).

Bei dieser Themenstellung gibt es unterschiedliche „Schulen", die meist gute Argumente haben. Manchmal wird die Position vertreten, in der digitalen Welt sei eine Zielgruppe kaum jemals größer als n = 1, weil das individuelle Interesse so ausgeprägt und leicht adressierbar sei, dass eine Gruppenbildung gar keinen Sinn ergibt (Kröger & Marx, 2020, S. 78 ff.).

Eine große Tradition haben auch Ansätze, die Menschen nach ihren Lebensweisen und Einstellungen segmentieren, wie dies namentlich die seit den frühen 1980er-Jahren bekannten Sinus-Milieus abbilden. Diese zehn laufend beforschten Milieus werden vielfach in der Markenkommunikation, aber auch von Standorten vor allem im Tourismusmarketing eingesetzt. Sie helfen, den Zielpersonen Produkte und Leistungen anzubieten, die gewissermaßen zu ihrem „Mindset" passen: Es ist eben ein Unterschied, ob man eine touristische Destination eher dem „konservativ-gehobenen" oder dem „konsum-hedonistischen" Milieu anbieten will (Sinus Institut, o. J.).

Sinus-Milieus können auch dabei unterstützen sogenannte Personas (s. Abb. 4.1) zu entwickeln. Damit ist es möglich, sich eine Zielgruppe, ihre inhaltlichen „Trigger" und ihre Erreichbarkeit systematisch zu erarbeiten und so die Grundlagen für eine zielgerichtete, erfolgreiche Kommunikation zu legen. Wir bevorzugen dabei eine etwas „handfestere" Herangehensweise, die an den Lebensumständen und damit an der Erreichbarkeit der Zielgruppe ansetzt.

Es ist nach unserer Erfahrung im Standortmarketing durchaus zielführend, Zielgruppen vor allem nach ihrer Rolle, ihren Interessen, ihren Lebensumständen und

4.1 Zielgruppen richtig beschreiben

ihrer Erreichbarkeit zu segmentieren. Die typischen Zielgruppen sind dann etwas gröber gefasst – aber nach Auswahl bereit für eine vertiefte Analyse. Mögliche Zielgruppen für das Standortmarketing in diesem Sinne sind dann beispielsweise die in Abb. 4.2 dargestellten (Abb. 4.2).

Ich und mein Partner suchen ein schönes, bezahlbares Haus. Zum Glück haben wir hier schon einen Kita-Platz in Aussicht, sodass wir bald wieder beide arbeiten gehen können. Der Ort ist die Heimat meines Mannes, sodass wir schnell Anschluss finden werden. Es ist klasse, dass die Kinder den größten Spielplatz direkt vor der Tür haben: die Natur.

Alter: 28–35
Familienstand: Single oder in einer Partnerschaft

Ziel: Ankommen und sich niederlassen. Wieder mehr Nähe zur Familie haben und eine eigene aufbauen.

Nutzungsverhalten:

Vorlieben:
- Freunde treffen
- Aktiv in der Natur
- Karriere
- Freizeitaktivitäten
- Partnersuche

Frustration:
- Realität vs. Vorstellung
- Zu wenig Geld
- Vereinbarkeit von Familie und Beruf
- Stress und Erfolgsdruck

Werte:
- Flexibel
- Offen
- Mitbestimmung und Beteiligung
- Selbstverwirklichung
- Sinnhafte Tätigkeit
- Teamspirit

Multiplikator:innen:
- Familie
- Vereine
- Arbeitgeber
- Freunde

Das kann der Ort Rückkehrer:innen bieten:
- Heimat
- Vertrautheit
- Netzwerk
- Familie
- Kurze Wege
- Infrastruktur für Familien

Abb. 4.1 Ausgefüllte Persona zur Zielgruppe der Rückkehrerinnen und Rückkehrer für eine Standortmarketingkampagne in einem deutschen Landkreis

4 Zielgruppen identifizieren und erreichen

Abb. 4.2 Übersicht möglicher Zielgruppen im Standortmarketing

Diese Zielgruppenbeschreibungen folgen keiner einheitlichen Systematik, ermöglichen aber (auf dem Umweg über Personas) eine gute Auswahl und Kampagnenplanung.

4.2 Die Stärken und Schwächen meines Standorts aus Sicht der Zielgruppen

Die Analyse von Stärken und Schwächen setzt voraus, dass ich meine Ziele, meine Zielgruppen und die entscheidungsrelevanten Parameter schon kenne. Nehmen wir zunächst als Beispiel die Analyse der Stärken und Schwächen eines Standortes aus Investorensicht. Es ist unbedingt notwendig, sich klarzumachen, für welche Art von Unternehmen beispielsweise eine vorhandene Fläche überhaupt geeignet ist. Wichtige Parameter sind beispielsweise: Lage, Zuschnitt und Erweiterbarkeit der Flächen, Verkehrsanbindung an Straße, Bahn und Wasser, hohe Verfügbarkeit von „grüner" Energie, schnelle Planungs- und Genehmigungszeiten, Gewerbe- oder gar Industriefreundlichkeit von Menschen und Politik. Schwächen aus Sicht von Investorinnen und Investoren können lange Fahrtzeiten zum nächsten Flughafen oder eine niedrige Arbeitslosenquote sein, die enge Grenzen bei der Verfügbarkeit von Fachkräften signalisieren könnte.

Es geht im Standortmarketing (wie immer in der Werbung) nicht darum, sich ausführlich zu den eigenen Schwächen zu äußern, sondern die Stärken in den Vordergrund zu stellen – und zwar bei genau den Zielgruppen, für die diese Argumente relevant sind.

Nun das Beispiel Arbeits- und Fachkräfte (Abschn. 10.2): Menschen wählen ihren dauerhaften Aufenthaltsort anhand einer ganzen Reihe von schwer beeinflussbaren Parametern. Dennoch ist es richtig, dass ein Standort sich potenziellen Arbeitskräften (und vielleicht auch anderen Zielgruppen) im besten Licht präsentiert. Denn falls ein Arbeitsplatzangebot ernsthaft in die engere Wahl kommt, sollte der „Rest" dem nicht im Wege stehen. Immerhin lässt sich der prognostizierte Fachkräftebedarf durch die gute Datenlage verlässlich vorhersagen.

Ob jemand am Ende wirklich umzieht, hängt von vielen Dingen ab – das wissen wir aus zahlreichen Projekten: Zunächst muss der gewünschte Arbeitsplatz attraktiv sein. Mehr und mehr muss aber auch eine Arbeit für die Partnerin oder den Partner vorhanden sein. Gute Lebensbedingungen für Familien, Kinderbetreuung, gute Schulen, Sport- und Freizeitangebote, attraktive Innenstädte – die Liste von Überlegungen ist lang. Zudem verstärkt sich der Drang junger Arbeitnehmerinnen und Arbeitnehmer in die Großstädte – über neue Wohnkonzepte und Berufsbiografien junger Leute in Metropolen wird regelmäßig berichtet (Siems, 2014) – während andererseits die Nachfrage nach Fachkräften überall steigt. Nach Berlin ziehen Menschen sogar ohne Job – an die Nordseeküste nicht einmal mit. Ja, sicher – obwohl es da so schön ist. Dies alles passiert vor dem Hintergrund des demografischen Wandels (Wilke, 2020).

Als Standort muss ich mich nun ehrlich fragen, wie ich bei den einzelnen Entscheidungsparametern von (meist jungen) Fachkräften aufgestellt bin. Ist die nächste Großstadt weit, muss ich eher auf junge Familien setzen und diesen die guten Lebensbedingungen für Kinder schmackhaft machen.

4.3 Den Wettbewerb kennen und analysieren

Nur wenn ich weiß, welche Entscheidungsparameter für meine Zielgruppen wirklich relevant sind, kann ich auch den Wettbewerb richtig einschätzen. Denn um einige Zielgruppen kämpfen alle. Es ist daher wichtig zu wissen, welche Entscheidungsparameter für meine Zielgruppen wirklich relevant sind, um diese dann bei den Wettbewerberinnen und Wettbewerbern zu analysieren. Oft liegen diese im direkten Umfeld, das heißt mehrere Kommunen im Ruhrgebiet oder benachbarte bayrische Landkreise bemühen sich gleichzeitig um eine bestimmte Ansiedlung.

Meist findet der Wettbewerb aber bereits auf internationaler Ebene, mindestens aber mit dem benachbarten europäischen Ausland statt.

Wählen wir erneut den Blickwinkel potenzieller Investorinnen und Investoren. Wenn wir wissen, dass die Chemiebranche uns Chancen für Ansiedlungen bietet, dann müssen wir vermutlich europaweit denken und die wichtigen Entscheidungsparameter nüchtern miteinander vergleichen. Das tun die Investorinnen und Investoren nämlich auch. Oft kommt es zu der absurden Situation, dass die Entfernung zu einem internationalen Flughafen viele objektiv wichtigere Faktoren überstrahlt – weil das Management am Wochenende nach Hause möchte.

Wenn ich gründlich vorgehen möchte, mache ich eine SWOT-Analyse für alle wichtigen Konkurrentinnen und Konkurrenten einzeln und vergleiche dann. Einfacher, aber ähnlich aussagekräftig ist eine Matrix, in der ich die einzelnen Parameter ehrlich bewerte – etwa mit Punkten oder Schulnoten.

Es empfiehlt sich, mit den Ergebnissen solcher Vergleiche offensiv umzugehen: Wer acht- oder neunstellige Beträge investieren will, lässt sich ohnehin nicht leicht beeindrucken. Deshalb ist es in den USA inzwischen weithin üblich, den eigenen Standort direkt auf der eigenen Website mit anderen vergleichbar zu machen. Dazu dienen Statistik-Datenbanken, die zu den von der Nutzerin oder dem Nutzer selbst gewählten relevanten Parametern und Vergleichsstandorten eine Übersicht auswerfen.[1] Die Daten stammen aus amtlichen Quellen, die Ergebnisse sind eine echte und überzeugende Arbeitserleichterung für diejenigen, die ernsthaft suchen.

Eine nüchterne und umfassende Stärken-Schwächen-Analyse aus der Sicht der Zielgruppe ist eine der Grundvoraussetzungen, um ein erfolgreiches Standortmarketing zu konzipieren und umzusetzen.

Wenn ich die Stärken und Schwächen sowie die wesentlichen Argumente in meinem Wettbewerb kenne, muss ich mich intensiv damit beschäftigen, wie genau sie kommunizieren. Bei der Zielgruppe „Investorinnen und Investoren" (die es in so allgemeiner Form eigentlich nicht gibt – es sind ja z. B. „Mittelständische Anlegerinnen und Anleger aus China" oder „Entscheiderinnen und Entscheider in US-Konzernen der Automotive-Branche") wird meine Marktbeobachtung dadurch erschwert, dass viele Kontakte höchst vertraulich sind und sich so der Analyse von außen entziehen. Bei Großansiedlungen kommt mitunter tatsächlich ein Hubschrauber mit einer Handvoll Menschen, die Visitenkarten nur mit Vornamen bei sich tragen. Man soll dann wirklich nicht wissen, mit wem man da redet – „zu vertraulich". Der Kontakt wird in diesen Fällen etwa über Maklerbüros oder die Wirtschaftsförderung des Bundes „Germany Trade and Invest" hergestellt.

---

[1] Ein Beispiel liefert beispielsweise die Wirtschaftsförderung von Denver unter: http://www.metrodenver.org/resources/data-central/.

4.3 Den Wettbewerb kennen und analysieren

Eine Möglichkeit, mehr zu erfahren, besteht in der Mitarbeit in branchenspezifischen Verbänden zu Flächenangeboten. Hier wird nicht selten sehr offenherzig über die Nachfragesituation und jüngste Entwicklungen geplaudert – es lohnt sich, hier ab und zu einen halben Tag zu investieren. Denn es hilft, die eigene Strategie zu optimieren.

In jedem Fall aber muss ich mich mit der „offiziellen" Kommunikation meiner Konkurrenz auseinandersetzen und die Argumente analysieren. Das betrifft Internetauftritte, Öffentlichkeitsarbeit, Veranstaltungen, Videos, Soziale Medien und manches mehr. Leider ist es im Arbeitsalltag sehr schwierig, hier nebenbei noch einen Überblick zu behalten. Wenn ich es ernst meine, muss ich das aber. Denn das bringt auch fruchtbare Hinweise für die eigene Strategie und deren Präsentation. Einen besonderen Blick verdienen die jeweils für eine Branche relevanten Medien der Fachpresse. Zwar dominiert hier oft die unschöne Sitte, journalistische Präsentation und Anzeigengeschäft unheilvoll miteinander zu verknüpfen. Aber das Ergebnis ist nicht ohne Einfluss auf die Zielgruppen – wenn das Medium denn gelesen wird.

Einfacher, aber umfangreicher und deshalb ergiebiger ist die Kommunikation beim Thema Fachkräftemarketing. Hier ist wichtig zu beachten: Wirklich erfolgreiche Standorte kommunizieren alle Themen für alle Zielgruppen aus einer Hand und unter derselben Überschrift. Das betrifft insbesondere die Tourismus-Werbung, die (auch aufgrund höherer Budgets) oft alle anderen Maßnahmen überstrahlt. Es ist weder sinnvoll noch realistisch, unterschiedliche Zielgruppen mit völlig unterschiedlichen Konzepten und Botschaften anzusprechen. Wer es gut und erfolgreich machen will, kommuniziert heute „aus einem Guss".

Resümee
1. Mögliche Zielgruppen für das Standortmarketing sind beispielsweise Bestandsunternehmen, Investorinnen und Investoren, junge Absolventinnen und Absolventen vor Ort, Studierende von außerhalb, Rückkehrerinnen und Rückkehrer, Arbeits- und Fachkräfte von außen, Touristinnen und Touristen, die Politik (auf allen Ebenen) sowie Bürgerinnen und Bürger.
2. Durch das Prinzip einer sogenannten Persona kann eine idealtypische Vertreterin bzw. ein idealtypischer Vertreter der Zielgruppen beschrieben werden.
3. Heute müssen wir uns immer auch die Sichtweise dieser Menschen einnehmen, um ihre Situation und Lebensumstände nachzuvollziehen. Nur so können wir die Person mit den richtigen Botschaften und über die richtigen Kanäle erreichen.

> **Kontroll- und Lernfragen**
>
> 1. Wie kann ich eine Zielgruppe möglichst präzise beschreiben?
> 2. Was sind wichtige Entscheidungsparameter für Investorinnen und Investoren?
> 3. Was sind wichtige Entscheidungsparameter für Fachkräfte?
> 4. Welche Kommunikationsmittel aus dem Wettbewerb sind für welche Zielgruppen relevant?
> 5. Warum sind Journalistinnen und Journalisten keine „echte" Zielgruppe?

Literatur

Kröger, J., & Marx, S. (2020). Marketing im Wandel. In J. Kröger & S. Marx (Hrsg.), *Agiles Marketing* (S. 63–81). Springer Gabler.

Siems, D. (2014). Junge Menschen ziehen massenhaft in die Metropolen. *Die Welt*. http://www.welt.de/wirtschaft/article129117096/Junge-Menschen-ziehen-massenhaft-in-die-Metropolen.html. Zugegriffen am 17.07.2024.

Sinus Institut. (o.J.). Sinus-Milieus Deutschland. https://www.sinus-institut.de/sinus-milieus/sinus-milieus-deutschland. Zugegriffen am 16.07.2024.

Wilke, C. B. (2020). Demografischer Wandel in Deutschland – Hintergründe, Zukunftsszenarien und Arbeitsmarktpotenziale. In L. Rebeggiani, C. B. Wilke, & M. Wohlmann (Hrsg.), *Megatrends aus Sicht der Volkswirtschaftslehre* (S. 3–24). Springer Gabler.

Anspruchsgruppen einbeziehen 5

Zusammenfassung

Die Politik erwartet von der Wirtschaftsförderung meist drei Dinge auf einmal: Ansiedlungserfolge, eine konsequente Pflege der Bestandsunternehmen und erfolgreiche Fachkräfte- bzw. Imagewerbung. Abseits davon, dass Unternehmen außerhalb der Kommune oder Region sehr häufig als Investorinnen und Investoren und damit als wichtige Zielgruppe adressiert werden, spielen auch die Bestandsunternehmen eine große Rolle im Standortmarketing. Ein Standortmarketingkonzept funktioniert am besten, wenn diese ganz unterschiedlichen Zielgruppen bereits in der Entstehung eingebunden sind. Dann ist es auch ihr Konzept. Die Werkzeuge für diese Partizipation sind Workshops, Umfragen, unterschiedliche Formen der Bürgerbeteiligung (z. B. Bürgerforen), Expertengespräche und Fokusgruppen, jeweils begleitet von Informations- und PR-Arbeit für den Prozess.

Lernziele
- Verschiedene Dialogwerkzeuge kennen und ihren Einsatz einordnen.
- Die Motive verschiedener Anspruchsgruppen im Standortmarketing-Prozess verstehen.
- Die Notwendigkeit eines begleitenden Kommunikationsplans begründen.

5.1 Anspruchsgruppen und ihre Motive

Konzepte, die auf der Unterscheidung von Anspruchsgruppen beruhen, sind nicht unumstritten. Oft werden Gruppen aggregiert, die eigentlich differenzierter betrachtet werden müssten („Bürgerinnen und Bürger"), und die daraus resultierende Systematik ist nicht immer klar. Aber: Das Profil soll geschärft werden (Häusler & Häusler, 2023, S. 7 f., 114 ff.; Kausch, 2013, S. 36). Für die Wirtschaftsförderung und das Standortmarketing funktioniert diese Herangehensweise meist gut. Die vielen Zielgruppen sind zwar sehr unterschiedlich und stellen verschiedene Ansprüche, aber eine gewisse Fokussierung ist notwendig, um Gemeinsamkeiten der Anspruchsgruppen zu erkennen.

Da sind zunächst Politikerinnen und Politiker, meist ehrenamtlich tätig in Rat oder Kreistag. Aber auch die Verwaltungsspitze wird gewählt und gehört deshalb in diese Kategorie. Die politischen Mehrheiten in Kommunen und Kreisen sind heute weniger eindeutig als „früher" in einer Zusammensetzung aus nur drei oder vier Parteien. Deshalb sind wechselnde Mehrheiten und die entsprechenden mühsamen Kompromisse heute kommunalpolitischer Alltag.

Die Politik erwartet von der Wirtschaftsförderung meist drei Dinge auf einmal: Ansiedlungserfolge, eine konsequente Pflege der Bestandsunternehmen und erfolgreiche Fachkräfte- bzw. Imagewerbung. Oft kommen weitere Themen hinzu, etwa die Innenstadt oder die Breitbandversorgung. Politikerinnen und Politiker, die sich selbst mit Wirtschaftsförderungsaufgaben auskennen, sind in der Kommunalpolitik naturgemäß unterrepräsentiert. Zudem ist es mit dem Standortmarketing wie mit Fußball oder Wahlkampfwerbung: Dazu kann jeder etwas sagen. Und tut das auch. Denn Wirtschaft und Arbeitsplätze sind ein hervorragendes Profilierungsthema.

Die Erstellung einer Standortstrategie und eines darauf aufbauenden Standortkonzepts unter Leitung der Wirtschaftsförderung hat deshalb den großen Vorteil, der Politik im Prozess zusätzliche Kompetenzen zu vermitteln, den Blick für das Machbare zu schärfen und eine gemeinsame, in vielen Fällen überparteiliche (weil sachlich zwingende) Linie aufzubauen. Umfragen unter Wirtschaftsförderungen bestätigen, dass Wirtschaftsförderungen an ihren Aktivitäten vor allem die Stadtverwaltung, Politik, Unternehmen und Intermediäre beteiligen. Bürgerinnen und Bürger werden vergleichsweise seltener einbezogen. Die Zwecke von Beteiligungsprozessen durch die Wirtschaftsförderung sind zunächst: Informieren, Meinungen einholen und die Planung einer langfristigen Umsetzung von Maßnahmen (Terstriep & Rabadjieva, 2021, S. 6 f.).

5.1 Anspruchsgruppen und ihre Motive

Leichter zu verstehen und einzuschätzen sind die Motive von (beispielsweise) Landrätinnen und Landräten oder Bürgermeisterinnen und Bürgermeistern, die den jeweiligen Prozess ja meist als Vorgesetzte begleiten. Sie können (zumindest im Prinzip) klar sagen, wie genau sie sich einen Erfolg vorstellen und was dafür zu tun ist. Landtags-, Bundestags- und Europaabgeordnete können dabei helfen, gemeinsame Anliegen auf der nächsten politischen Ebene zu vertreten. Dabei ist auf eine überparteiliche Vorgehensweise zu achten.

Abseits davon, dass Unternehmen außerhalb der Kommune oder Region sehr häufig als Investorinnen und Investoren und damit als wichtige Zielgruppe adressiert werden, spielen auch die Bestandsunternehmen eine große Rolle im Standortmarketing. Einerseits fragen sie Fach- und Arbeitskräften nach. Andererseits verfügen sie über Erfahrungen und Kompetenzen, die eine Einbeziehung in die Strategieentwicklung und -umsetzung als Multiplikatorin oder Multiplikator (sowie später bei der Finanzierung) sinnvoll machen.

Wenn es nicht direkt um die Anwerbung von Fach- und Arbeitskräften geht, ist der Antrieb von Bestandsunternehmen meist altruistisch: Sie machen als „Lokalpatriotin und Lokalpatriot" mit oder einfach, weil sie darum gebeten wurden. Natürlich wird die Motivation und auch die Kompetenz im Einzelfall von vielen Faktoren beeinflusst: Vertretungen eines Energiekonzerns werden sich ganz anders einbringen als die Obermeisterin oder der Obermeister der Bäckerinnung. Oft hilft es, unterschiedliche Unternehmensgrößen und Branchen von vornherein differenziert anzusprechen und einzubeziehen.

Auch Bürgerinnen und Bürger sind wichtige Adressatinnen und Adressaten im Standortmarketingprozess. Zwar richtet sich eine Standortmarketingkampagne normalerweise nicht nach innen, aber sie funktioniert besser, wenn sie verstanden und nicht abgelehnt wird und wenn die Menschen vor Ort im Idealfall als Botschafterinnen und Botschafter ihres Standortes auftreten. Echte Testimonials sind deutlich authentischer und somit wirkungsvoller.

Bürgerinnen und Bürger einzubeziehen kann sinnvoll und manchmal notwendig sein, vor allem wenn es bei der Standortstrategie ans „Eingemachte" geht: Grundlegende Veränderungen erfordern eventuell eine breite demokratische Beteiligung bei der Erstellung eines Standortkonzeptes. Zudem haben die eigenen Bürgerinnen und Bürger, wenn die richtigen Techniken genutzt werden, ein Kreativpotenzial, das für die Konzepterstellung fruchtbar sein kann. In vielen Fällen sind nicht die „Bürgerinnen und Bürger" insgesamt, sondern bestimmte Untergruppen gefragt – beispielsweise junge Menschen (Schülerinnen und Schüler sowie Studierende), die in den Prozess eingebunden werden, wenn es etwa darum geht, Schülerinnen und Schüler nach dem Schulabschluss in der Region zu halten.

Man kann es allerdings auch übertreiben: Wirtschaftsförderungen müssen sich davor hüten, ihre einmal vereinbarte Gesamtstrategie immer wieder in Frage stellen zu lassen. Dabei sind sie natürlich darauf angewiesen, dass die Verwaltungsspitze und die Mehrheitsfraktionen sie von einer populistischen Themensetzung abschirmen. Gute Standortmarketingkonzepte entstehen nicht per Meinungsumfrage.

Eine zielgruppengerechte Ansprache ist also kein Selbstläufer. Abb. 5.1 gibt einen Überblick über die verschiedenen Anspruchsgruppen und externen Einflüsse, die bei der Ansprache von Zielgruppen zu berücksichtigen sind. Daher ist es so wichtig die verschiedenen Stakeholder von Anfang an am Prozess zu beteiligen, um ihnen Austausch und offene Diskussionen zu ermöglichen. Im Folgenden wird erklärt, wie genau diese Beteiligung aussehen und gelingen kann. Eine Balance zwischen analogen und digitalen Beteiligungsformaten ist dabei meist die richtige Vorgehensweise – insbesondere mit Blick auf die Ressourcenausstattung (Terstriep & Rabadjieva, 2021, S. 13).

Abb. 5.1 Anspruchsgruppen der Wirtschaftsförderung und ihre externen Einflüsse

5.2 Beteiligungsformate zum Einbinden der Anspruchsgruppen

5.2.1 Workshops

Workshops erfreuen sich im Standortmarketing einer hohen Beliebtheit. Dafür gibt es drei Gründe:

1. Für den Auftraggeber bzw. die Auftraggeberin (Kommune, Region, Wirtschaftsförderungsgesellschaft usw.) ist es reizvoll, die Anspruchsgruppen in die Konzeptentwicklung einzubeziehen, weil das Ergebnis dann besser getragen (und eventuell auch kofinanziert) wird.
2. Die Konzeptentwicklung durch eine Agentur im „luftleeren Raum" (natürlich nach einem intensiven Briefing-Gespräch) birgt Risiken, die durch gründliche und gut moderierte Workshops vermieden werden können.
3. Gutes Standortmarketing lebt von guter Analyse und hoher Kreativität. Zu beidem können Workshops einen Beitrag leisten.

Die wichtigste Aufgabe von Workshops besteht also darin, die Entwicklung eines Standortmarketingkonzeptes sinnvoll zu unterstützen. Je nach Umfang der geplanten Kampagne wird ein einzelner Workshop dazu nicht ausreichen; vielmehr ist gerade das Nachdenken über die erzielten Zwischenergebnisse ein wichtiger Treibstoff für die Qualität des Konzeptes. Häufig sind es also zwei, manchmal vier oder fünf einzelne Gesprächsrunden, die zum besten Ergebnis führen.

Beispielhafte Agenda-Punkte aus Standortmarketing-Projekten, die in Workshops bearbeitet werden können
- Markenstatus der lokalen oder regionalen Standort-„Marke"
- Diskussion einer Kurzanalyse (z. B. „Benchmarking" konkurrierender Standorte)
- Erarbeitung von messbaren Zielen für das Standortmarketing
- Erarbeitung von Markenidentität, -positionierung und -image
- Definition von Zielgruppen, Detailanalyse und Priorisierung
- Brainstorming von Kreativideen für ein Kommunikationskonzept
- Entwicklung von Beteiligungs- und Finanzierungsideen

Je nach Teilnehmerkreis hat es sich bewährt, halbtägige Veranstaltungen als Ausgangsbasis zu wählen. Abhängig von der Aufgabenstellung sollte die Zusammensetzung gut durchdacht sein. Dabei werden ganz unterschiedliche Herangehensweisen gewählt.

> **Diese Herangehensweisen sind reale Beispiele**
> - Der Verwaltungsvorstand einer Kommune mit 50.000 Einwohnerinnen und Einwohnern entwickelt die Standortmarke zusammen mit leitenden Mitarbeitenden der Stadtverwaltung.
> - Ein bayrischer Landkreis lädt ausschließlich mittelständische Unternehmen zu zwei halbtägigen Marken-Workshops ein.
> - Eine Kommune mit 15.000 Einwohnerinnen und Einwohnern setzt auf Kreativität und wählt ausschließlich junge Teilnehmende aus Schulen, Sportvereinen und Jugendarbeit aus.
> - Eine andere mischt Vertreterinnen und Vertreter aller Ratsfraktionen mit Mitarbeitenden der Verwaltung und den größten Unternehmen am Ort.

Wenn also sehr unterschiedliche Zusammensetzungen möglich sind, so ist die richtige Mischung für die konkrete Aufgabe doch ein wichtiges Erfolgskriterium – sie sollte also wirklich gründlich durchdacht sein. Es ist auch möglich, dass sich die Zusammensetzung der Gruppe bei mehreren Workshops je nach Themenfokus verändert.

> **Erfolgreich sind Workshops im Standortmarketing dann, wenn einige Regeln eingehalten werden**
> - Die Aufgabenstellung muss klar und die Agenda entsprechend gut gestaltet sein.
> - Eine professionelle und das heißt fast immer: externe Moderation ist wichtig. Dazu gehören Erfahrung, die richtigen Kreativitäts-Techniken und variantenreiche Methoden.
> - Eine gute Moderation erfordert eine gute Vorbereitung – ohne sich mit diesem Wissen in den Vordergrund zu spielen.
> - Auch in Workshops muss die Moderation öfters zur Beteiligung ermuntern – aber das Ziel im Auge behalten und unbeirrt ansteuern. Ebenso müssen Impulse gesetzt oder die Diskussion behutsam geordnet werden können.

- Auch die Teilnehmenden müssen vorbereitet sein. Dazu hat es sich bewährt, gleich mit Einladung und Agenda auch kleine „Hausaufgaben" zu verschicken.
- Die Rahmenbedingungen müssen stimmen: Die gewählte Tageszeit, der Ort, das Catering, die technische Ausstattung – wenn hier etwas nicht stimmt, entsteht statt Kreativität schnell schlechte Laune. Vor allem bei viel beschäftigten Zielgruppen wie Unternehmerinnen und Unternehmern.
- Die richtige Auswahl der Teilnehmenden ist ein wesentliches Erfolgskriterium.

Es wäre leichtsinnig, diese Erfordernisse auf die leichte Schulter zu nehmen. Viel zu viele Workshops bestehen in relativ unstrukturierten, lockeren Unterhaltungen. Werden die Regeln aber beachtet, sind Workshops ein wesentlicher Beitrag zur Entwicklung eines erfolgreichen Standortmarketingkonzeptes. Dazu muss die Methodik gelernt und dann konsequent angewendet werden.[1]

Häufig sind persönliche Workshops vor Ort der richtige Ansatz, weil es atmosphärisch hilft, wenn die verschiedenen Stakeholder einmal persönlich zusammenkommen und sich austauschen. Heute sind aber auch digitale Workshops üblich und erzielen (weil alle sich mehr oder weniger daran gewöhnt haben) ein aussagekräftiges Ergebnis. Mit dem richtigen Instrumentarium – neben den „klassischen" Metaplanmethoden – sind erfolgreiche Workshops auch digital möglich. Folgende Methoden haben sich dabei bewährt. Es handelt sich dabei lediglich um eine Auswahl geeigneter Methoden:

- **Design Thinking** ist eine Methode, bei der ein Perspektivwechsel stattfindet. In der Regel wird die Perspektive der Zielgruppe eingenommen, um aus ihrer Sicht Ideen für die Problemstellung zu entwickeln (Schallmo & Lang, 2020, S. 19 f.).
- **Gamification:** Hierbei werden spieltypische Elemente auf das Thema übertragen und in den Workshop integriert. Zu diesen Elementen gehören unter anderem Erfahrungspunkte, Highscores, Fortschrittsbalken, Ranglisten oder Auszeichnungen (Korn et al., 2022, S. 43 ff.).
- **Digitale Rückmeldungstools:** Es gibt diverse Online-Tools, mit denen sehr einfach Live-Abstimmungen oder Quizze in den Workshop integriert werden

---

[1] Gut geeignet beispielsweise Lipp und Will (2012).

können. Das Ergebnis können Wortwolken oder Grafiken sein. Auch für Frageründen können über diese Tools übersichtlich die Fragen der Teilnehmenden gesammelt werden.
- **Kollaborative Whiteboards** helfen bei einer interaktiven Gestaltung und Dokumentation von Diskussionen und Gruppenarbeiten.
- **World Cafés:** In aufeinanderfolgenden Gruppenarbeiten von 15 bis 20 Minuten werden an mehreren Tischen gleichzeitig ausgewählte Fragestellungen besprochen. Die Teilnehmenden bringen in jeder Runde das ihrer Meinung nach Wichtigste auf das Papier. Nach jeder Runde mischen sich die Teilnehmenden neu. An jedem Tisch gibt es eine „Gastgeberin" oder einen „Gastgeber", der oder die die nächste Gruppe begrüßt, das bisher Besprochene zusammenfasst und den Diskurs erneut startet (Löhr et al., 2020).

5.2.2 Umfragen

Zur Durchführung von Umfragen gibt es umfangreiche Literatur,[2] ihre Planung und Umsetzung gilt meist als einfach. Dabei gilt aber auch für diesen Punkt, dass er gut durchdacht und geplant sein will.

> **Beispiele für Fragestellungen in Umfragen aus der Praxis**
> - Die eigenen Bürgerinnen und Bürger oder leitende Mitarbeitende aus der Verwaltung werden befragt, wo sie die Vorteile des Standortes sehen und welche Entwicklung sie sich für die Zukunft wünschen.
> - Junge Menschen geben Auskunft über ihre Pläne und Motive, was den späteren Lebens- und Arbeitsort angeht.
> - Junge Menschen erläutern, wie die Berufsorientierung vor Ort läuft.
> - Unternehmen in den identifizierten Zielbranchen werden zu ihren Plänen und Entscheidungsparametern befragt.
> - Unternehmen bewerten erfolgskritische Faktoren für eine Beteiligung am Standortmarketing aus ihrer Perspektive.
> - Bürgerinnen und Bürger werden zur Innenstadtnutzung und Freizeitgestaltung in der Region befragt.

---

[2] Eine umfangreiche Einführung bieten Flick (2021) oder Lamnek und Krell (2024).

Die Liste lässt sich naturgemäß fast endlos fortsetzen. Weil Standortmarketing sich vor allem nach außen richtet, sind rein interne Forschungsansätze mit Skepsis zu betrachten. Sie können nur eine Teilperspektive liefern. Denn es hilft ja wenig, um ein berühmtes Bild anzuwenden, wenn die „Anglerin und Angler" zufrieden sind – es geht im Standortmarketing vorrangig um die Meinung der „Fische", die etwa als Fachkräfte „geködert" werden sollen.

Für die Durchführung von Umfragen (elektronisch, schriftlich oder sogar persönlich) kommen Umfrageinstitute, die mit dem Standortmarketingkonzept beauftragten Büros oder auch der Auftraggeber bzw. die Auftraggeberin selbst in Frage. Ohne fachliches und methodisches Wissen ist die Durchführung von Umfragen aber nicht sinnvoll.

Zu berücksichtigen ist, dass die Motivation der Teilnehmenden heute nur durch relativ geringen Zeitaufwand und eine niedrigschwellige Antwortmöglichkeit geweckt werden kann. Schon zum Briefkasten gehen zu müssen setzt ein sehr hohes Interesse der Befragten am Forschungsgegenstand voraus. Aus diesem Grund haben sich Online-Befragungen auf mobilen Endgeräten etabliert. Mehr als zehn Minuten Zeit – besser sind fünf – dürfen sie in den wenigsten Fällen in Anspruch nehmen.

Aus wissenschaftlicher Perspektive sind repräsentative Umfragen zu bevorzugen. Diese arbeiten mit hohen Zahlen von Befragten (je nachdem eher 1000 bis 2000 Teilnehmende als nur 500) und sind entsprechend kostenintensiv. Kommunen erstellen Befragungen gern selbst. Es ist dann aber zwingend erforderlich, sich für die Gestaltung des Fragebogens und die technische Umsetzung Unterstützung zu besorgen – dies steigert die Rücklaufquote und auch die Aussagekraft der Ergebnisse erheblich. Erfahrungsgemäß führen auch schon kleine Belohnungen wie lokale Gutscheine, Eintrittskarten oder Ähnliches zu einer höheren Teilnahmebereitschaft an der Umfrage.

Bedenkenswert ist in jedem Fall, dass für die Entwicklung von Botschaften, Argumenten und einer guten Leitidee im Standortmarketing qualitative Forschungsmethoden ihre Vorteile haben. Auch deshalb werden Umfragen meist nicht mit hohen Budgets ausgestattet.

Unabhängig davon, ob die Umfrage digital oder postalisch verbreitet wird, ist auch die Qualität der Adressdaten entscheidend für den Erfolg.

5.2.3 Bürgerbeteiligung

Auch wenn das Standortmarketing sich vorrangig nach außen richtet, ist die Erarbeitung von Zielen und Inhalten mit Bürgerinnen und Bürgern oft ein lohnender Zwischenschritt. Die Menschen vor Ort kennen sich aus, und zudem müssen sie später den Standort als Botschafterin und Botschafter nach außen repräsentieren. Weil wir Menschen zum Lokalpatriotismus neigen, ist dieses Ziel nicht schwer zu erreichen. Es gilt: Eine Kampagne kann nicht allen gefallen, aber wenn sie von innen heraus klar abgelehnt wird, hat sie es auf Dauer schwer.

Die erfolgreiche Durchführung von Bürgerveranstaltungen ist ein komplexes Thema, das hier deshalb nur gestreift werden soll. Während die Zusammensetzung der Teilnehmenden kaum beeinflusst werden kann (es sollte unter normalen Umständen breit und „demokratisch" eingeladen werden), gelten für die erfolgreiche Durchführung fast dieselben Regeln wie für Workshops (siehe Abschn. 5.2.1). Bei der Einladung von Bürgerinnen und Bürgern wird heute häufig ein Losverfahren angewendet. Beliebt sind sogenannte „Zufallsbürgerräte", also geloste Beteiligungsverfahren auf zum Beispiel kommunaler Ebene.[3]

Wenn dann beispielsweise 200 oder mehr Personen im Raum sitzen, sind eine professionelle Vorbereitung und Moderation entscheidend. Natürlich ist es denkbar, dass die Amtsleitung eine solche Versammlung moderiert, aber eine externe Lösung empfiehlt sich.

Gute Erfahrungen gibt es vor allem mit dem Ansatz, Bürgerforen in thematische Workshops aufzuteilen. So kommen mehr Menschen zu Wort und können mehr Kreativität freisetzen. Heute sind Bürgerforen häufig eine Kombination aus Präsenzveranstaltungen und Online-Diskussionen und können als mehrwöchiger Dialogprozess gestaltet werden, sodass 100 bis 400 Bürgerinnen und Bürger teilnehmen können.[4]

Bürgerforen sind in vielen Fällen ein gutes Mittel, um die Entwicklung eines Standortmarketingkonzeptes zu unterstützen.[5]

Inzwischen gibt es eine Vielzahl an digitalen Tools und „Open-Source"-Software, die zur Bürgerbeteiligung genutzt werden können. So kann die Informations- und Dialogphase bei der Online-Beteiligung unterstützt werden. Einige Plattformen eignen sich dabei besonders für eine kollaborative Entscheidungsfindung und Projektmanagement. In Gruppen können beispielsweise Ideen diskutiert, Entscheidungen getroffen (durch Abstimmung) und ganze Projekte koordiniert werden. Ein großer Vorteil dieser digitalen Plattformen ist, dass auf diese Weise noch weitaus mehr als 400 Personen aus der Bürgerschaft am Prozess teilnehmen können. Für einige Bürgerinnen und Bürger mag die Beteiligung über eine digitale Plattform auch attraktiver sein, da man auf diese Weise nicht mehrere Stunden in einen Workshop investieren muss (Krapf, 2023, S. 338 f.).

---

[3] Eine umfangreiche Einführung zur Organisation und Durchführung von kommunalen Bürgerräten bietet Krenzer und Socher (2024).
[4] Eine umfangreiche Einführung bietet Bertelsmann Stiftung (2015).
[5] Eine gute Übersicht bietet beispielsweise Mauch (2014).

5.2.4 Gespräche mit Expertinnen und Experten

Gespräche mit Expertinnen und Experten gelten in der qualitativen Sozialforschung als besonders geeignete Methode, um tiefer gehende Einstellungen und verborgenes Wissen zu erforschen. Dabei werden sie sowohl explorativ (zur vorausgehenden Klärung von Thesen und Fragestellungen), als auch zur Datengenerierung eingesetzt (dann oft mit extrem aufwändigen Auswertungsverfahren).[6]

Im Standortmarketing wird meist ein vereinfachter Ansatz gewählt – auch weil der Aufwand zu einer anspruchsvollen Auswertung des Forschungsmaterials oft kaum finanzierbar ist. Expertengespräche sind aber eine sehr relevante und zudem häufig angewendete Methode der Wissensgenerierung.

„Expertin" oder „Experte" in diesem Sinne ist jede und jeder, die oder der in Bezug auf eine bestimmte Fragestellung über spezifisches Wissen verfügt.

Beispiele für Expertinnen und Experten aus der Praxis
- Unternehmerinnen und Unternehmer vor Ort werden etwa zu den Standortbedingungen, den besten Argumenten, Stärken und Schwächen von Politik und Verwaltung befragt.
- Investorinnen und Investoren aus den Zielbranchen werden um Einschätzungen zum Standort gebeten.
- Journalistinnen und Journalisten sowie Kommunikationsfachleute sollen Einschätzungen und Ideen beisteuern.
- Jugendliche oder andere Zielgruppen der Fachkräftewerbung geben zu ihren Plänen und Motiven Auskunft.
- Lokale oder regionale Politikerinnen und Politiker werden befragt, um sie in den Prozess einzubeziehen.
- Vertretungen der Kammern, von Verbänden und Gewerkschaften bringen ihre institutionell geprägten Sichtweisen ein.
- Investorinnen und Investoren, die sich gegen einen Standort entschieden haben, erläutern ihre Motive.

Diese Aufzählung ist (natürlich) nicht vollständig.

---

[6] Eine gute Übersicht – auch zu einzelnen Techniken – bietet beispielsweise Mayring (2022). Eine weitere Einführung bietet Schreier (2012).

Nicht selten werden Expertengespräche auch dazu eingesetzt, um den befragten Personen Wertschätzung zu signalisieren oder um Aussagen zu generieren, die sonst nicht geäußert werden. Auch aus diesen Gründen ist es üblich, Expertengespräche eher nicht selbst durchzuführen. Expertengespräche können sowohl persönlich als auch per Videocall durchgeführt werden. Telefonische Gespräch sind für die Interpretierbarkeit eher nachteilig.

Um eine gewisse Mindestbreite der Erkenntnisse sicherzustellen, empfiehlt sich eine Anzahl von nicht weniger als sechs, selten jedoch mehr als zwanzig Gesprächen. Die Dauer wird kaum mehr als eine Stunde betragen – einerseits ist die Zeit der Expertinnen und Experten meist knapp, andererseits ist auch die Auswertung einer Stunde Gespräch schon aufwändig genug. Dann lieber mehr Fokus!

Als beste Methode empfiehlt sich hier ein offenes Leitfadeninterview: Der Fragenkatalog steht im Prinzip fest, die Interviewerin oder der Interviewer weicht aber bewusst davon ab, sobald neue oder besonders interessante Aspekte auf den Tisch kommen. Dringend abzuraten ist von völlig frei geführten, spontanen Interviews – zu viel wird vergessen, und die Gespräche sind untereinander völlig unvergleichbar.

In der Wissenschaft ist die Aufzeichnung der Gespräche mit anschließender Transkription zwingend. Im Standortmarketing setzt sich meist eine pragmatischere, aber eben nicht streng wissenschaftliche Herangehensweise durch – dann wird das aufgezeichnete Gespräch noch einmal angehört und zusammengefasst, ohne den Inhalt der Aussagen zu verändern. Zudem sollten einige Kernzitate aus dem Gesagten wörtlich transkribiert werden.

Übrigens ist es sinnvoll, den Gesprächspersonen Anonymität zuzusichern. Es gefährdet nicht die Qualität der Erkenntnisse, wenn diese von der Auftraggeberin oder vom Auftraggeber nicht Personen zugeordnet werden können. Es fördert erheblich die Aussagekraft, wenn sich die interviewten Personen unbefangen äußern können. Erfahrungsgemäß nutzen sie diese Gelegenheit.

5.2.5 Fokusgruppen

Eine sinnvolle Ergänzung von Umfragen und Einzelgesprächen sind Fokusgruppen. Sie haben den Vorteil und die Aufgabe, aus einer Diskussion heraus tieferliegende Einschätzungen und neue Aspekte zutage zu fördern.

5.2 Beteiligungsformate zum Einbinden der Anspruchsgruppen

Die Erfolgskriterien ähneln auch hier denjenigen von Workshops: Kluge Zusammensetzung, gute Vorbereitung, ein gutes „Ambiente" sind wesentlich. Und eine gute Moderation.

Denn mehr noch als andere Techniken erfordert die Fokusgruppe eine erfahrene Moderation, im Idealfall eine geeignete Wissenschaftlerin oder einen geeigneten Wissenschaftler. Der Erfolg hängt davon ab, die richtige Balance zwischen der Einhaltung des Leitfadens und der Förderung spontaner, unerwarteter Diskussionen zu finden. Nur dann ist das Ergebnis wirklich interessant.

Fokusgruppen sollten nie weniger als drei, auf keinen Fall jedoch mehr als zehn Teilnehmende haben. Eine Dauer von 60 bis maximal 90 Minuten hat sich bewährt. Wie die Expertengespräche können auch Fokusgruppen sowohl persönlich als auch digital per Videocall durchgeführt werden. Persönliche Gespräche werden umso vorzugswürdiger, je größer die Gruppe ist. Es hängt immer von den (z. B. räumlichen) Umständen ab.

Ähnlich wie bei Expertengesprächen ist es im Kontext von Standortmarketing notwendig, dass Fokusgruppen immer aufgezeichnet, verschriftlicht und systematisch ausgewertet werden. Auch hier ist es sinnvoll, die Anonymität der Aussagen zuzugestehen.

Fokusgruppen bieten sich an zur Exploration und Entwicklung komplexer Fragestellungen. So können beispielsweise Jugendliche eine Diskussion zu ihren Entwicklungschancen in ihrer Region führen, dabei aber auch gemeinsam Lösungsvorschläge entwickeln. Der Charme dieser Methode besteht gerade darin, dass eine Meinungsäußerung nicht nur (quantitativ oder qualitativ) erfasst, sondern sofort von anderen Teilnehmenden aufgegriffen und im besten Fall weiterentwickelt wird.

Es handelt sich deshalb bei Fokusgruppen um eine schwierige, aber sehr ertragreiche und leider unterschätzte Methode im Standortmarketing (Flick, 2021, S. 248 ff.).

Abb. 5.2 zeigt beispielhaft die Anwendung von verschiedenen Beteiligungsformaten im Laufe eines Standortmarketing-Projekts.

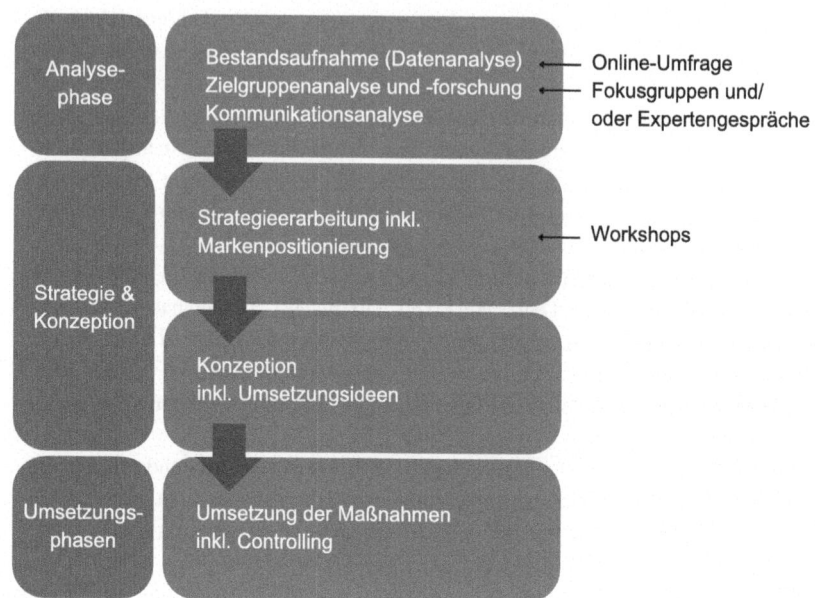

Abb. 5.2 Beteiligungsformate sind wichtige Hilfsmittel in einem Standortmarketingprozess

5.3 Information zum Standortmarketingprozess

Die Einbeziehung mehrerer Anspruchsgruppen in den Prozess der Konzepterstellung bringt natürlich ein hohes Risiko der Beliebigkeit mit sich. Kompromisse und Exzellenz schließen sich in der Kommunikation aus: Die Positionierung muss klar und „spitz" sein, sonst ergibt sie keinen Sinn.

Diese Erkenntnis könnte dazu verführen, Konzepte im Geheimen zu konzipieren und dann möglichst unbemerkt mit der Umsetzung zu beginnen. Selten funktioniert das, und tatsächlich ist die gegenteilige Herangehensweise weit weniger riskant: Eine offensive Öffentlichkeitsarbeit für den Standortmarketingprozess kann helfen, Unterstützung zu sichern und das Ergebnis zu verbessern.

Dazu wird am besten ein Kommunikations- oder PR-Plan erstellt, der sich verschiedener Elemente bedienen kann.

5.3 Information zum Standortmarketingprozess

Ein Kommunikationsplan für den eigenen Marketingprozess kann beispielsweise diese Elemente enthalten
- Kommunikative Begleitung des gesamten Entstehungsprozesses
- Offensive Medienarbeit vor, im und nach dem Prozess der Konzepterstellung
- Information über eigene Websites
- Nutzung vorhandener oder eigener sozialer Medien
- Erstellung kurzer Informationsvideos
- Informationsveranstaltungen für unterschiedliche Zielgruppen

Die Liste ist nicht vollständig; sie soll nur zeigen, dass dieser Punkt relevant und nicht mit einer einzelnen Pressemeldung zu erledigen ist.

Resümee
1. Politik, Unternehmen sowie Bürgerinnen und Bürger sind zwar interne, aber dennoch wichtige Anspruchsgruppen bei der Entwicklung eines Standortmarketingkonzepts.
2. Es gibt ein vielfältiges Instrumentarium, um „Stakeholder" in die Kampagnenentwicklung einzubinden.
3. Bei aller sinnvollen Beteiligung müssen Beliebigkeit und Austauschbarkeit im Ergebnis vermieden werden.
4. Eine ausgewogene Kombination aus analogen und digitalen Beteiligungselementen erscheint besonders erfolgsversprechend.
5. Offenheit und Transparenz sind besser geeignet, um die Unterstützung der Anspruchsgruppen zu bekommen, als von der politischen Öffentlichkeit abgeschirmte Prozesse.

Kontroll- und Lernfragen

1. Welche Vor- und Nachteile hat die Einbeziehung von Bürgerinnen und Bürgern in die Entwicklung eines Standortmarketingkonzepts?
2. Welche wichtigen Formen der Beteiligung meiner Anspruchsgruppen gibt es?
3. Wie bereite ich Expertengespräche richtig vor und nach?

4. Was ist besser: Präsenz oder online?
5. Was ist bei der Durchführung einer Fokusgruppe zu beachten?
6. Wie kann ich eine lokale Kommunikationsstrategie für den Prozess erfolgreich gestalten?

Literatur

Bertelsmann Stiftung. (2015). *Handbuch BürgerForum*. Bertelsmann Stiftung.
Flick, U. (2021). *Qualitative Sozialforschung* (10. Aufl.). Rowohlt Taschenbuch Reinbek.
Häusler, E., & Häusler, J. (2023). *Wie Städte zu Marken werden*. Springer Gabler.
Kausch, T. (2013). Erfolgreiches Managen von Markenprozessen im komplexen System Stadt. In T. Kausch, P. Pirck, & P. Strahlendorf (Hrsg.), *Städte als Marken. Strategie und Management* (S. 36–43). New Business.
Korn, O., Schulz, A., & Hagley, B. (2022). Gamification: Grundlage, Methoden und Anwendungsbereiche. In W. Becker & M. Metz (Hrsg.), *Digitale Lernwelten – Serious Games und Gamification: Didaktik, Anwendungen und Erfahrungen in der Beruflichen Bildung* (S. 43–63). Springer VS.
Krapf, V. (2023). Digitale Bürgerbeteiligung aus Sicht von Bürgermeistern und Gemeinderäten. In F. Brettschneider (Hrsg.), *Smart Cities, Digitalisierung und Bürgerbeteiligung: Die Sicht von Politik und Verwaltung* (S. 323–405). Springer VS.
Krenzer, S., & Socher, S. (2024). *Kommunale Bürgerräte organisieren. Handbuch für den Weg von der ersten Idee bis zur Verwendung der Empfehlungen*. Mehr Demokratie e. V./IDPF Wuppertal/RIFS Potsdam.
Lamnek, S., & Krell, C. (2024). *Qualitative Sozialforschung* (7. Aufl.). Beltz.
Lipp, U., & Will, H. (2012). *Das große Workshop-Buch* (8. Aufl.). Beltz.
Löhr, K., Weinhardt, M., & Sieber, S. (2020). The "Worlds Café" as a participatory method für Collecting qualitative data. *International Journal of Qualitative Methods, 19*, 1–15.
Mauch, S. (2014). *Bürgerbeteiligung: Führen und Steuern von Beteiligungsprozessen*. Boorberg.
Mayring, P. (2022). *Qualitative Inhaltsanalyse: Grundlagen und Techniken* (13. Aufl.). Beltz.
Schallmo, D., & Lang, K. (2020). *Design Thinking erfolgreich anwenden! So entwickeln Sie in 7 Phasen kundenorientierte Produkte und Dienstleistunden* (2. Aufl.). Springer Gabler.
Schreier, M. (2012). *Qualitative content analysis in practice*. Sage.
Terstriep, J., & Rabadjieva, M. (2021). *Beteiligungsprozesse in den deutschen Wirtschaftsförderungen. Ergebnisse der Befragung von Wirtschaftsförderungseinrichtungen in Deutschland*. FONA Bundesministerium für Bildung und Forschung.

Die Positionierung

6

> **Zusammenfassung**
>
> Ein gutes Standortmarketingkonzept funktioniert nur, wenn es auch realistisch ist. Das beginnt bei der eigenen Ziel- und Schwerpunktsetzung. Häufig wird als Ziel nur genannt, das „Image" des Standortes zu verbessern. Zwar ist das Image bei festgelegten Zielgruppen anhand bestimmter Parameter messbar. Wichtig ist aber sich klarzumachen, zu welchem Zweck eine Imageverbesserung angestrebt wird. Je konkreter die Zielsetzung, desto besser. Geklärt werden müssen die Fragen nach den Zielgruppen, die angesprochen werden sollen, nach dem eigenen Auftreten und nach den Botschaften, die übermittelt werden sollen.

> **Lernziele**
> - Grundlagen einer gelungenen Positionierung nennen.
> - Die Vorteile der Kommunikation innerhalb eines Gesamtkonzepts gegenüber kommunikativen Einzelmaßnahmen erläutern.
> - Botschaften von Standorten beurteilen.

6.1 Welche Zielgruppen möchte ich ansprechen – und warum?

Die Effektivität von Standortmarketing leidet häufig darunter, dass schon mit den Zielgruppen nicht ehrlich umgegangen wird. So verwenden Wirtschaftsförderinnen und Wirtschaftsförderer in Deutschland erhebliche Zeit und Mittel darauf, ihre internen Zielgruppen zufrieden zu stellen, allen voran die lokale oder regionale Politik. Wie bereits diskutiert, spielt die Politik eine wichtige Rolle bei der Zielsetzung, Ausrichtung, Finanzierung und letztlich auch Bewertung von Standortmarketing. Und, sicher: Auch die Bürgerinnen und Bürger sind wichtig.

Diese internen Zielgruppen dürfen aber nicht die Hauptadressatinnen und Hauptadressaten sein. Eine Ausnahme bilden hier die Bestandsunternehmen und Fachkräfte bzw. Absolventinnen und Absolventen, die schon vor Ort sind.

Es ist wichtig, hier mit typischen, präzisen Fragen nach den Zielgruppen, ihren Bedürfnissen und den Orten, an denen ich sie erreiche, zu fragen (Gubler & Möller, 2012, S. 79 f.). Als Zielgruppen von Standortmarketing werden regelmäßig „Fachkräfte", „Investorinnen und Investoren" oder „Unternehmen" angegeben. Das ist zu unpräzise (Häusler & Häusler, 2023, S. 7 f., 114 ff.).

Fachkräfte sind qualifizierte Arbeitskräfte, die von Unternehmen vor Ort benötigt werden, um ihre Kapazitäten aufrecht zu erhalten oder zu erweitern und so im besten Fall wachsen zu können. Meist sind damit Arbeitnehmerinnen und Arbeitnehmer gemeint, die noch nicht vor Ort sind. Ohne weitere Differenzierung sind das bis zu 50 Prozent der deutschen Wohnbevölkerung. Wie also können wir aus „Fachkräften" eine Zielgruppe machen?

- Der einfachste und mutmaßlich effektivste Zugang führt über die „Touchpoints" dieser Zielgruppen: Wann kommen Personen mit meinem Standort in Kontakt? Das wird meist dann der Fall sein, wenn eine konkrete Stellenanzeige eines Unternehmens veröffentlicht wird oder wenn in den Sozialen Medien eine Anzeige oder ein Beitrag zu einem Unternehmen oder Event ausgespielt wird. Zielgruppe sind dann alle, die sich ernsthaft mit diesem Angebot auseinandersetzen. Ich muss die Kommunikation so entwickeln, dass ich diesen Informations- und Nachdenkprozess sinnvoll unterstütze.
- Alternativ ist es möglich, besondere Branchen oder Regionen in den Fokus zu nehmen und über die dort geeigneten Kanäle gezielt zu kommunizieren. Dieser Weg ist schon sehr viel aufwändiger.
- Werden vor allem jüngere Fachkräfte gesucht, sind Studierende an entsprechenden Hochschulen eine geeignete Zielgruppe, weil ich sie klar identifizieren und adressieren kann.
- Häufig vernachlässigt werden junge Menschen, die schon vor Ort leben. Fachkräfte zu binden kann im Einzelfall deutlich einfacher sein, als Zuzüge zu motivieren. Auch hier haben wir es mit einer klar eingrenzbaren und gut erreichbaren Zielgruppe an Schulen, Hochschulen, in Vereinen oder sozialen Netzwerken zu tun.

6.1 Welche Zielgruppen möchte ich ansprechen – und warum?

Diese Zuordnung ist nicht vollständig. Es geht um den Weg, auf dem aus einer großen, relativ amorphen Gruppe eine klar definierte Anzahl von Einzelpersonen wird, die man direkt und wirksam ansprechen kann. Die Alternative zu dieser direkten Adressierung besteht darin, mit großem finanziellem Aufwand und erheblichen Streuverlusten „ins Blaue hinein" zu agieren – Werbemaßnahmen mit hohen Budgets erreichen ihr Ziel nicht unbedingt besser als eine gut gemachte Kampagne in den Sozialen Medien für einen Bruchteil dieses Betrags.

Auf den ersten Blick ist die Ansprache von potenziellen Investorinnen und Investoren komplexer. Hier liegt die wichtigste Aufgabe für das Standortmarketing darin, die wirklich relevanten Branchen und Unternehmen zu identifizieren.

Eine (existierende) Wirtschaftsförderung versuchte eine Industriefläche zu vermarkten, indem sie diese den 100 größten deutschen Unternehmen per Brief und E-Mail anbot. Nun hätte der Zufall helfen können, dann wäre der Versand von 100 gleichlautenden Briefen ja hoch effizient gewesen. Tatsächlich kam aber keine Antwort. Das ist ungewöhnlich unhöflich – andererseits: Die Vorgehensweise war einfach nicht zielgerichtet.

Die Ansprache potenzieller Investorinnen und Investoren macht nur Sinn, wenn die Wirtschaftsförderung ein strategisches Konzept hat. Dann ist das Standortmarketing ein wichtiges Werkzeug in diesem Gesamtkonzept. Wenn der Standort gar nicht weiß, was er erreichen kann und will, wo seine Stärken liegen und für welche Zielgruppen diese interessant sind, dann kann ein Standortmarketingkonzept ebenfalls nicht funktionieren.

Obwohl der thematische Fokus von Wirtschaftsförderung (Akquise, Bestand, Fachkräfte, Image usw.) in Bewegung ist, ist die aktive Ansprache von ansiedlungswilligen Unternehmen weiterhin eine relevante Aufgabe. Sie fällt am leichtesten, wenn es einen klaren inhaltlichen Schwerpunkt gibt, etwa über eine Branche (z. B. Gesundheit oder Chemische Industrie) oder über ein intelligent besetztes Querschnittsthema in Form einer Wertschöpfungskette (z. B. Agrobusiness).

Denn dann ist es möglich, Unternehmen mit geeigneter Größe zu identifizieren, die vielleicht sogar expandieren. Über kostengünstige Datenbanken werden die Entscheiderinnen und Entscheider in diesen Unternehmen identifiziert und so direkt für das Standortmarketing ansprechbar. Ein klarer strategischer Fokus führt also (viel leichter als beim Fachkräftemarketing) relativ schnell zu konkreten Personen, die ich ansprechen kann. Dazu reicht ein einfacher Brief oder eine E-Mail natürlich nicht aus, auch hier wird ein intelligenter Mix von Maßnahmen benötigt. Denn entscheidend ist natürlich, den eigenen Standort dauerhaft im Kopf der Zielgruppe zu verankern – für den Fall des Falles, der aber vielleicht erst in acht Jahren eintritt.

6.2 Wie trete ich auf?

Auch ein kleines Budget für Standortmarketing ist vergeudet, wenn die Kampagne langweilig ist. Verbraucherinnen und Verbraucher fühlen sich heute vollkommen überfüttert mit Botschaften und Werbeaussagen. Sie suchen das Interessante und Besondere, das mit ihrem eigenen Leben, ihren Wünschen und Wertvorstellungen zu tun hat. „Storytelling" ist daher ein bewährtes Tool im Marketing, um genau diese Identifikation zu schaffen. Wer eine spannende Geschichten erzählt, kann die Neugier der Nutzerinnen und Nutzer noch wecken (Abschn. 7.5).

Was bedeutet das für das Standortmarketing? Einen allgemeingültigen Rat gibt es nicht, denn es geht ja gerade darum, die Besonderheit, wenn möglich, die Einzigartigkeit des eigenen Angebotes richtig herauszuarbeiten. Der „Auftritt" muss dabei mit den Fakten im Einklang stehen – wenn die Menschen eines Landstrichs als eher verschlossen gelten, dann darf man sie nicht als aufgedrehte Spaßvögel in den Mittelpunkt einer Kampagne stellen.

> **Einige Hinweise, wie eine gute Standortmarketingkampagne heute sein sollte**
> - Sie muss authentisch sein und darf nicht zur langjährigen Wahrnehmung des Standortes und seiner Menschen im krassen Widerspruch stehen.
> - Sie muss ungewöhnlich und überraschend sein – in Wort, Bild, Video, Gestaltung usw. Nur so wird sie bei der heutigen Intensität von Eindrücken wahrgenommen.
> - Sie muss kreativ sein, denn Kreativität steigert die Effektivität von Botschaften und Kampagnen erheblich.
> - Sie muss alle für die Zielgruppen relevanten Informationskanäle intelligent nutzen, und zwar so, dass sich die Wirkung gegenseitig verstärkt.
> - Sie muss den Standort bei seinen Zielgruppen klar differenzieren, also das Besondere herausstellen.
> - Sie muss (mit anderen Worten) so unverwechselbar wie nur möglich sein.
>
> Dies alles gilt zusätzlich zu den grundlegenden Voraussetzungen: Die Strategie muss stimmen, das Konzept gut überlegt sein, die Maßnahmen ressourcengerecht und noch manches mehr (siehe oben).

Die Anforderungen sind also relativ hoch. Dies mag ein Grund dafür sein, dass das Standortmarketing in Deutschland im Durchschnitt relativ mittelmäßig daherkommt und seine Ziele selten erreicht. Gegenbeispiele liefern nicht nur finanzkräftige Bundesländer, sondern auch Kleinstädte mit kaum mehr als 10.000 Einwohnerinnen und Einwohnern – indem sie ihren Markenkern klar herausarbeiten und mit aller Konsequenz kontinuierlich kommunizieren.

6.3 Welche Botschaft soll sich verfestigen?

Die Entwicklung einer Botschaft setzt (einmal mehr) voraus, dass ich mir vorher genau überlegt habe, wen ich erreichen will. Die Botschaft (es dürfen auch zwei oder drei sein, aber niemals acht oder zehn) muss für die Zielgruppe attraktiv und relevant sein.

Beispiel „Fachkräfte": Wenn ich bei der Analyse meines Markenkerns herausgearbeitet habe, dass die Sport- und Freizeitmöglichkeiten gut, die Schulen toll und die Immobilien schön und dazu noch bezahlbar sind – dann stelle ich mich damit neben die große Mehrzahl deutscher Standorte. So ist es ja fast überall, und falls die Immobilien eher teuer sind, dann nur deshalb, weil alle hier hin wollen. Ich muss also noch einmal neu überlegen, welche Argumente ein „da will ich hin" zusätzlich zum konkreten Job-Angebot unterstützen können.

In den meisten Fällen sind die Botschaften deutscher Standorte langweilig und beliebig. Man reibt sich die Augen, wie viele Standorte sich gleichzeitig „im Herzen Europas" verorten, wie viele eine schlicht sensationelle logistische Lage haben, wie hoch „Zukunft", „Ideen" und „Innovation" gehalten werden. Über „Vielfalt" ist alles gesagt. Das alles mag im Einzelfall richtig sein – nur sind es zu viele Einzelfälle, die dasselbe von sich behaupten. Die Differenzierung fällt aus. Da mag die Ausrichtung als „Barockstadt" (es gibt einige) schon viel sinnvoller sein – wenn das Kern-Argument für die Zielgruppen relevant ist.

Letztlich geht es immer darum herauszufinden, welcher relevante Fakt mich von allen anderen wirklich unterscheidet. Was macht einen Standort wirklich aus? Was macht ihn einzigartig?

Aber es geht ja auch anders. Als „Benchmark" galt für eine lange Zeit die für Baden-Württemberg entwickelte Kampagne „Wir können alles außer Hochdeutsch" (Kampagnenlaufzeit: 1999 bis 2021). Der Claim war zunächst in einem Wettbewerb für Sachsen vorgestellt und dort abgelehnt worden. Was hat ihn so bekannt und erfolgreich gemacht?

Sicher hat das viel zu tun mit der als charmant wahrgenommenen Selbstironie eines Bundeslandes, das sich selbst eigentlich als Klassenprimus sieht und vielfach auch so wahrgenommen wird. Dass das Land praktisch „alles" kann, ist aber auch gar nicht ironisch gemeint. Hinzukommt der Durchhaltewillen der wechselnden Landesregierungen, der zu mehr als zwei Jahrzehnten Kontinuität geführt hat – während andere Bundesländer ihre Kampagnen häufig wechseln. Eine hohe

Welche Eigenschaften habe ich? (Markenattribute)	Sicher Gesund Sauber	Ehrlich, aber nicht oberflächlich Genießer
Was biete ich an? (Markennutzen)	Kultur Sport und viel Natur Toll und günstig wohnen Kita-Plätze frei und günstig	Niedrige Arbeitslosigkeit Viele Jobs in Handwerk und Gesundheit Medizin auf Top-Niveau
Wie bin ich? (Markentonalität)	Modern Echt Innovativ	Sympathisch Glaubwürdig Mutig
Wie trete ich auf? (Markenbild)	Sehr modern Eher jung	Sympathisch Menschlich

Abb. 6.1 Beantwortung der vier Leitfragen des Markensteuerrads am Beispiel eines Landkreises

Kreativität in der Umsetzung und ein gewisses Mindestbudget zur konsequenten Penetration der Kampagne sind ebenfalls wichtig für den Erfolg. Ob die Nachfolgekampagne „The Länd" daran anknüpfen kann, wird sich nach vielleicht zehn Jahren sicher beurteilen lassen.

Zur Destillation der geeigneten Botschaft hat sich in Workshops zu Standortkampagnen vielfach das „modifizierte" Markensteuerrad nach Esch (2024, S. 101 ff.) bewährt. Sauber umgesetzt liefert es eine gute Grundlage für die Entwicklung einer Botschaft.

Abb. 6.1 zeigt am Beispiel eines Landkreises, wie die vier Leitfragen aus diesem Markensteuerrad beantwortet werden können.

Hier fehlt noch der Fokus, der im nächsten Schritt gefunden werden muss. Viele Parameter sind zu allgemein. Es ist deutlich, dass auch das Markensteuerrad nicht automatisch eine Botschaft liefert. Aber eine sehr gute Grundlage dafür. Vor der Formulierung muss zudem auch die Konkurrenz genauer analysiert werden.

Schließlich ist wichtig, dass der Standort „aus einem Guss" präsentiert wird: Erfolgreiche Standorte differenzieren zwar ihre Zielgruppen, aber nicht die eigene Präsentation als Wirtschafts-, Lebens- und Tourismusstandort. Daher verzichten in der Praxis immer wieder Standorte auf eine verbale Zuspitzung.

Dies vielleicht auch deshalb, weil die Kraft der Bilder heute in vielen Fällen stärker wirkt als die Verbalisierung von Aussagen. Das entbindet Wirtschaftsförderungen aber nicht von der schwierigen Aufgabe, sich ganz genau zu überlegen, was in den Köpfen der Zielgruppen über den eigenen Standort verankert werden soll.

Diese Botschaft steht (am Ende) in einem einfachen, klaren, kurzen Satz und bildet den Markenkern – die Kompetenz der Marke. Hierüber soll deutlich werden, was die Marke ausmacht.

> **Resümee**
> 1. Um eine Positionierung zu formulieren, müssen zuerst gründlich die Zielgruppen definiert werden, die angesprochen werden sollen.
> 2. Nur in einem Gesamtkonzept ist die gezielte Ansprache von Investorinnen und Investoren sinnvoll. Von vereinzelten bzw. losgelösten Aktionen, beispielsweise per E-Mail, sollten Sie absehen.
> 3. Standortmarketing muss authentisch sein.
> 4. Botschaften müssen interessant und ebenso interessant verpackt sein. Der Empfänger filtert zuallererst über Relevanzkriterien aus.

> **Kontroll- und Lernfragen**
> 1. Wie kann ich eine Zielgruppe möglichst genau definieren – bis hin zu einzelnen Personen?
> 2. Wie finde ich heraus, was eine konkrete Zielgruppe interessiert?
> 3. Was sind die Erfolgskriterien für eine gute Standortmarketingkampagne?
> 4. Wie finde ich eine Botschaft, die meinen Standort als einzigartig positioniert?

Literatur

Esch, F.-R. (2024). *Strategie und Technik der Markenführung* (10. Aufl.). Vahlen.
Gubler, R., & Möller, C. (2012). *Standortmarketing – Konzeption, Organisation und Umsetzung* (2. Aufl.). Haupt.
Häusler, E., & Häusler, J. (2023). *Wie Städte zu Marken werden*. Springer Gabler.

Der richtige Maßnahmen-Mix 7

Zusammenfassung

Im Vergleich zu Unternehmen haben es Regionen schwer, mit klar definierten Eigenschaften in Verbindung gebracht zu werden. Wichtig ist, dass alle Beteiligten, die in einer Region nach außen wirken, gemeinsam kommunizieren. Dazu stehen eine Vielzahl von Maßnahmen bereit, zum Beispiel Pressearbeit, klassische Werbung, Bilder, Websites, Soziale Medien, Videos, Beziehungsmarketing und Veranstaltungen.

Marketing wird vor allem von Unternehmen für ihre Produkte betrieben. Für die Verbraucherin oder den Verbraucher kann ein Unternehmen mit seinen Eigenschaften viel leichter verortet werden als eine Region (Balderjahn, 1996). Alle Beteiligten, die in einer Region nach außen wirken, müssen daher gemeinsam kommunizieren. Nur so gelingt es jemandem, der sich für die Region interessiert, ein einheitliches Bild zu verschaffen (Wiesner, 2013, S. 164) und dieses auch im Kopf zu behalten. Auch wenn die Nutzung klassischer Medien in vielen Zielgruppen erodiert, bleibt (crossmediale) Medienarbeit wichtig. Dazu kommt, dass die Ansprüche der Zielgruppen in der Regel sehr hoch sind – veraltete Kommunikationsmittel werden als unprofessionell wahrgenommen.

> **Lernziele**
> - Bestandteile des Maßnahmen-Mixes nennen: Medienarbeit, Website, Soziale Medien, Bilder und Videos, Content Marketing, Print und Corporate Publishing, Beziehungsmarketing und Veranstaltungen.
> - Marketingmaßnahmen zielgruppengerecht auswählen.
> - Die aktuellen (und zukünftig noch wachsenden) Auswirkungen des Trends zum mobilen Konsum von Informationen erklären.
> - Die Qualität kommunikativer Maßnahmen bewerten.

7.1 Gute Medienarbeit

Gekaufte Werbung erreicht die Zielgruppe selbst dann, wenn sie nicht besonders kreativ ist. Für die Dienstleistung, die Zielgruppe mit einer Botschaft zu erreichen, zahlt man ja, wenn man Werbung bucht. Mit der PR bzw. Medienarbeit verhält es sich anders. Ein Pressetext erreicht die Zielgruppe nur mittelbar. Die Mittlerin oder der Mittler ist die Journalistin oder der Journalist, bzw. die Redaktion (z. B.) einer Zeitung.

Wenn Sie eine Pressemitteilung verfassen und veröffentlichen, erreicht sie über Ihren (elektronischen) Verteiler die Redaktion, sagen wir: der Zeitung. Es gibt dort Mitarbeitende, deren Aufgabe ist es, die irrelevanten von den relevanten Meldungen zu trennen. Diese Mitarbeitende machen einen guten Job, wenn möglichst viel des Irrelevanten schon vorab aussortiert wird.

Um Ihre Botschaft an die Journalistinnen und Journalisten – und damit in die (Online-)Zeitung – zu bringen, muss Ihre Pressearbeit also kreativ und relevant sein. Nur dann nehmen sich Journalistinnen und Journalisten Zeit für Ihre Botschaft, prüfen die Meldung, führen vielleicht noch ein oder zwei Telefonate und bringen die Meldung in das Medium.

Nur eine gut geschriebene Nachricht mit konkretem „Nachrichtenwert" (z. B. einem relevanten Anlass) hat eine Chance darauf, auch veröffentlicht zu werden. Schaffen Sie daher Anlässe, über die berichtet werden kann und sorgen Sie dafür, dass ein gutes Bild dazu entsteht. „Gut" heißt in diesem Zusammenhang ebenfalls: kreativ und handwerklich einwandfrei.

Schreiben Sie Pressemitteilungen journalistisch und vermeiden Sie „Behördendeutsch". Arbeiten Sie mit Zitaten in jeder Pressemitteilung, am besten von zwei verschiedenen Personen. Vermeiden Sie im Gegenzug Passivkonstruktionen, die das Geschehene vernebeln.

Neben handwerklichen Vorgaben zur eigentlichen Pressemitteilung kann in der Regel außerdem die Distribution optimiert werden. Die Überarbeitung und Erweiterung des Medienverteilers kann sich lohnen. Prüfen Sie, ob Sie wirklich alle relevanten Medien mit Ihren Mitteilungen (auch Blogs etc.) bedienen. Zudem ist es immer nützlich, wenn Sie persönliche Kontakte zu lokalen Journalistinnen und Journalisten pflegen und sich hier ein „echtes" Netzwerk aufbauen.

Der Pressebereich auf der eigenen Website sollte außerdem optimal auf die Bedürfnisse der Journalistinnen und Journalisten angepasst sein. Nennen Sie deshalb Ansprechpersonen mit Mail-Adresse und Telefonnummer. Diese Ansprechpersonen sollten dann auch tatsächlich unkompliziert erreichbar sein und schnell antworten. Schaffen Sie alle unnötigen Hürden auf dem Weg zu Ihren Pressemeldungen ab. Jeglicher Log-in für einen gesonderten Presse-Bereich ist fehl am Platz. Pressemitteilungen als PDF-Dateien können ein zusätzliches Angebot sein, die Texte müssen sich jedoch auch außerhalb eines geschlossenen Formats abrufen lassen, um gut bearbeitbar zu sein. Veröffentlichen Sie die Texte daher als tatsächlichen Text der Website und zusätzlich gern in einem editierbaren Dateiformat. Achten Sie außerdem darauf, dass Ihre Bilder in ausreichender Qualität abrufbar sind und bieten Sie stets Bilder an, die situationsunabhängig eingesetzt werden können.

Gute Pressearbeit erfüllt diese Ansprüche
- Die PR ist kreativ und weckt die Neugier der Journalistinnen und Journalisten.
- Die Absenderin oder der Absender denkt konsequent in Anlässen und Bildern – am besten: in Geschichten.
- Stil, Sprache und Struktur von Texten sind einheitlich und von hoher Qualität.
- Es gibt einen umfangreichen Service. Zum Beispiel konkrete Ansprechpersonen und einen Download-Bereich für Pressefotos auf der Website.
- Die PR folgt einem erkennbaren Konzept.
- Sie funktioniert, heißt: wird von den (lokalen) Medien beachtet.

7.2 Websites

Alle Angebote einer Wirtschaftsförderung sollten online abrufbar sein. Oft ist das nicht so: Pressemitteilungen werden als PDF zum Download hinterlegt, ohne dass man sie finden kann oder abrufen würde. Bilder, die die Wirtschaftsförderung in ihrem Bestand hat, werden nicht online angeboten, sondern nur nach einem Telefonat per Mail verschickt (also eigentlich: versteckt). Einmal für eine Broschüre produzierte Texte liegen nicht digitalisiert vor, obwohl sie Journalistinnen und Journalisten helfen könnten, das Angebot und die Arbeit einer Wirtschaftsförderung passend darzustellen.

Egal wie überholt die Website, wie versteckt das Angebot der Wirtschaftsförderung oder wie sperrig das Content Management System der Website der Kommune: Alle, wirklich alle, Inhalte sollten unbedingt online angeboten werden. Machen Sie vor allem deutlich, welche Services Sie im Programm haben.

Produzieren Sie keinerlei Kommunikation ausschließlich für den analogen Gebrauch: Ein Zeitungsbeileger, aufwendig layoutet von der ortsansässigen Werbeagentur, muss unbedingt ins Internet gespiegelt werden. Eine PDF-Datei ist nicht genug. Originär analoge Inhalte müssen von Beginn an offline wie online gedacht werden. Entwickeln Sie stets zwei Versionen eines Textes, wenn Sie sich unsicher sind, ob der Text für die Broschüre gleichzeitig auch für die Website geeignet ist, und kaufen Sie Rechte an Bildern nur, wenn damit auch die vollständige digitale Nutzung abgedeckt ist.

Jede Wirtschaftsförderung ist heute online präsent. Umfang, optische Qualität und Nutzungsfreundlichkeit des Auftritts variieren dabei jedoch stark. Die Organisation als Amt, also als Teil der Verwaltung, spiegelt sich oft im Charakter des Onlineauftritts wider. Das Onlineangebot von Ämtern findet man in der Regel auf der Website des Rathauses, also von Gemeinde, Stadt oder Kreis. Meistens deutet schon die URL darauf hin: Erst auf der zweiten oder dritten Ebene einer Website findet sich das eigentliche Angebot wieder und steht formal gleichberechtigt neben dem Sozialamt und dem Ordnungsamt. Das Layout ist vorgegeben, Content wird zentral verwaltet und eingepflegt. Noch immer kommt es vor, dass der Internetauftritt einer Wirtschaftsförderung als Amt nicht viel mehr als eine digitale Visitenkarte ist, die die wichtigsten Aufgabenfelder und Ansprechpersonen nennt. Das ist zu wenig, weil wir nicht davon ausgehen können, dass Zielgruppen von sich aus jede Hürde überwinden, um Kontakt zu suchen.

Nicht automatisch muss ein solcher Auftritt anderen, „offensiveren" nachstehen. Doch häufig ist das so. Positiv gesehen: Die Platzierung auf der Website der Kommune bedeutet immerhin auch, eine zentrale Anlaufstelle für sämtliche Zielgruppen zu sein. Die Besucherzahlen können so sogar höher ausfallen als auf getrennten Angeboten, und eine Verzahnung der Kommunikation innerhalb der Verwaltung wird möglich.

Nutzen Sie dynamische Inhalte schon auf der Startseite der Verwaltung. Warum sollte z. B. ein Rathaus nicht immer wieder eigene Akzente im oberen Drittel der Startseite setzen, auf die alle Websitebesucherinnen und Websitebesucher stoßen? Eine Kachel, ein Banner oder eine Klickfläche, die neben dem eigentlichen Link auf das Angebot der Wirtschaftsförderung verweist, kann ebenfalls unterstützen. Hilfreich ist außerdem eine kurze, möglichst einfache Internetadresse, die Verweise auf die Unterseite der Wirtschaftsförderung gibt.

7.2 Websites

Auffällig ist: Wirtschaftsförderungen, die als Unternehmen organisiert sind, gesteht man deutlich öfter die Logik eines eigenen Internetauftritts zu. Aber warum sollte ein Amt hinter den andersorganisierten Wirtschaftsförderungen qualitativ zurückstehen?

> **Vorteile eines eigenen Internetauftritts für Wirtschaftsförderungen**
> - Die Arbeit der Wirtschaftsförderung wird als eigenständiges Angebot wahrgenommen.
> - Eine von der Kommune unabhängige Website ermöglicht das Auftreten unter einem eigenen, zeitgemäßen Corporate Design.
> - Die eigene Website lässt sich zur zentralen Anlaufstelle aller wirtschaftlichen Belange der Kommune ausbauen.
> - Die Wege in der IT sind deutlich kürzer – solange die Web-Präsenz nicht zentral von der Verwaltung abgewickelt wird. So kann die Website flexibler gestaltet und zügiger angepasst werden.
> - Die Internetadresse ist individueller. Es macht einen Unterschied, ob Nutzerinnen und Nutzer eine Website unter www.stadt-xy.de/wirtschaftsfoerderung oder unter www.wirtschaftförderung-stadt-xy.de erreichen. Natürlich besonders auch für Suchmaschinen.
> - Überarbeitungen sind einfacher. Der Relaunch der Website, aber auch schon die Anpassung an aktuelle Nutzungsgewohnheiten und Design-Standards (in etwa alle drei Jahre) ist für eine einzige Präsenz für die gesamte Verwaltung einer Kommune kaum zu stemmen. Die Größe der Verwaltung, ihre Fülle an Themen und Beteiligten, verlangsamen einen solchen Prozess ungemein. Der Relaunch der Website einer Wirtschaftsförderungsgesellschaft ist immer noch ein großes Vorhaben, mit der Auswahl des richtigen Dienstleistungsunternehmen sowie der richtigen Steuerung jedoch in wenigen Monaten umsetzbar.

Die eigene Website – ob als Teil einer größeren Verwaltungs-Website oder als eigenständiges Angebot – sollte in jedem Fall als zentrale Anlaufstelle der Gesamtkommunikation verstanden werden. Hier laufen alle Fäden zusammen, denn auf diese Website wird aus allen anderen Medien stets verlinkt. Ebenso sollte sie auch Verlinkungen durch Ihre Partnerinnen und Partner, z. B. der lokalen Presse, enthalten. Und die Website ist für Suchmaschinen die wichtigste Anlaufstelle.

Inhalte, die Sie auf anderen Kanälen anbieten, finden die Besucherinnen und Besucher auch hier. Es reicht nicht, Videos nur bei YouTube einzubinden: Videos gehören auch auf Ihre Website. Betten Sie diese vorzugsweise mit Hilfe des YouTube-Players ein. Ein zusätzliches eigenes Hosting macht keinen Sinn: Sie verlieren Klicks, Google bevorzugt den eigenen YouTube-Player deutlich, die Nutzerinnen und Nutzer sind die Oberfläche gewohnt und Sie eliminieren von Beginn an eine vermeidbare Fehlerquelle.

Ideen, die Sie in Sozialen Medien spielen, sollten auch auf Ihrer Website erwähnt werden. Eine Geschichte zu einer Social-Media-Idee, die Sie verfolgen, passt wiederum besser auf die Website. Hier können Sie die Geschichte zum Beispiel ausführlicher erzählen und weitere Bilder einbauen. Die Idee der zentralen Anlaufstelle wird deutlich: Für weiterführende Informationen zu Aktivitäten auf einem Kommunikationskanal ist die Website der richtige Anlaufpunkt.

Aktualität ist wichtig. Suchmaschinen wollen täglich neue Inhalte. Eine statische Website wird außerdem nur zwei Mal besucht: Beim ersten Mal, weil die Besucherinnen und Besucher sich für das Angebot interessieren und das zweite Mal, um festzustellen, dass es keine neuen Inhalte gibt. Um aktuelle Inhalte anbieten zu können, braucht es ein Konzept. Fragen Sie sich: Wer kann regelmäßig neue Inhalte liefern?

Kooperationen mit der lokalen Presse bieten sich an. Meldungen aus dem Lokalteil mit wirtschaftlichem Bezug können oft unter Nennung der Quelle und einer Verlinkung auf die Meldung im Original auf der eigenen Website angeboten werden. Gepaart mit eigenen Meldungen entsteht so nach und nach ein zentraler Anlaufpunkt für Meldungen aus der Wirtschaft der Region.

Die Website einer Wirtschaftsförderung muss heute auf die mobile Nutzung mit Smartphone und Tablet abgestimmt sein. Die Inhalte von Websites werden immer öfter mit mobilen Endgeräten und kleinen Bildschirmen abgerufen als mit Laptops oder gar Desktop-PCs (Institut für Demoskopie Allensbach, 2023). Das macht eine aufgeräumte Menüstruktur mit nicht mehr als zwei Ebenen sowie kurze, prägnante Texte und Bilder, die in verschiedenen Formaten funktionieren, umso wichtiger.

Darüber hinaus müssen Websites heute streng suchmaschinenoptimiert sein. Das ist eine vergleichsweise kostengünstige Maßnahme, die aber maßgeblich zu einer besseren Reichweite und Auffindbarkeit Ihrer Website beitragen kann. Abgesehen von der investierten Arbeitszeit ist Suchmaschinenoptimierung kostenlos. Suchmaschinenoptimierung bzw. „Search Engine Optimization" (SEO) unterteilt sich in sogenannte On-Page- und Off-Page-Maßnahmen sowie in technische Optimierungen im Backend der Website. Insgesamt gibt es sehr viele verschiedene Rankingfaktoren, die die Indexierung und Auffindbarkeit einer Website beeinflussen (Raaf, 2021, S. 3 ff., 7 ff.). Es gibt einige Plug-ins für Websites, die Ihnen dabei helfen die Website und ihre Inhalte möglichst suchmaschinenoptimiert zu gestalten – die Nutzung dieser Tools ist absolut empfehlenswert.

Bei den On-Page-Maßnahmen geht es um die Optimierung der Inhalte und Struktur der Website. Ein wichtiges Element sind hier also die Texte auf der Website. Bevor aber zum Beispiel ein Websitetext suchmaschinenoptimiert geschrieben werden kann, ist eine Keyword-Recherche notwendig. Erst danach kann der Text unter Berücksichtigung von SEO-Kriterien und Keywords verfasst werden.

Unter einer Keywordrecherche versteht man die Suche nach sinnvollen Keywords bzw. Suchbegriffen, auf die eine Website optimiert werden soll. Ziel dieser Recherche ist es, für die richtigen Keywords und Keyword-Kombinationen auf der Seite der Suchergebnisse zum Beispiel bei Google weit oben platziert zu werden bzw. zu ranken, um mehr Websitebesuche zu gewinnen. Bei der Keyword-Recherche überlegen Sie zunächst, was Ihre Zielgruppe interessiert, sucht und beschäftigt. Sie versetzen sich also in die jeweiligen Zielgruppen und versuchen ihr Suchverhalten nachzuvollziehen. Auf diese Weise ergeben sich in der Regel verschiedene Routen bzw. Suchmuster, die Sie ausgestalten können.

Die Off-Page-Maßnahmen beziehen sich auf Aktivitäten außerhalb der eigenen Website, um die Reputation durch Sichtbarkeit zu erhöhen. Hierbei geht es um Verlinkungen von anderen Websites auf die eigene, um Social-Media-Aktivitäten oder andere Kooperationen.

Außerdem gibt es einige technische Optimierungsmöglichkeiten im Backend der Website, um die Indexierung der Website durch Suchmaschinen zu verbessern. Hierunter fallen technische Aspekte, wie zum Beispiel die Ladegeschwindigkeit der Website.[1]

Neben der Suchmaschinenoptimierung gibt es auch die kostenpflichtige Suchmaschinenwerbung – „Search Engine Advertising" (SEA). Budgets sind hier sehr gezielt und dosiert einsetzbar, SEA kann also einen Gedanken wert sein. Das Ziel jedes Suchmaschinenmarketings sollte die Verbesserung der Sichtbarkeit der eigenen Angebote auf den Suchergebnisseiten sein. Im Gegensatz zu SEO handelt es sich bei SEA um bezahlte Maßnahmen. Hierbei schalten Sie also Werbeanzeigen in den Ergebnisseiten von Suchmaschinen und wählen dafür zum Beispiel vorab relevante Suchbegriffe aus. Die Anzeigen sind dann oben oder unten auf der Suchergebnisseite zu sehen. Dabei sind sie stets als „Gesponsert" gekennzeichnet. Als Werbetreibende bezahlen Sie meist pro Klick auf die Anzeige.[2]

---

[1] Eine umfangreiche Einführung bietet Raaf (2021).
[2] Eine umfangreiche Einführung bietet Lammenett (2021).

> **Die „ideale Website" erfüllt diese Ansprüche**
> - Die Website ist optisch, technisch und funktional auf dem aktuellen Stand.
> - Die Website ist auf mobile Nutzung optimiert.
> - Die Website ist suchmaschinenoptimiert.
> - Sie ist ansprechend gestaltet, benutzerfreundlich und übersichtlich.
> - Die Sitemap ist eindeutig und nicht zu kleinteilig gedacht.
> - Sie vermittelt alle Informationen zielgruppengerecht.
> - Die Anmutung ist service- und dialogorientiert.
> - Multi- und crossmediale Formate (Video, Audio, Social Media) sind sinnvoll und technisch einwandfrei integriert.

7.3 Soziale Medien

In Sozialen Medien tauschen sich Menschen nicht nur privat aus. Schon lange sind Unternehmen und Institutionen mit eigenen Auftritten aktiv und kommunizieren mit ihren Zielgruppen. Diese Möglichkeit sehen gerade jüngere Nutzerinnen und Nutzer als selbstverständlich an. Aber auch für viele aus den Generationen, die noch nicht mit Sozialen Medien aufgewachsen sind, gehört der Konsum von Social Media heute zum Alltag. Die Unterschiede liegen dann in der Nutzung der verschiedenen Kanäle.

Aus der Mediennutzungsforschung wissen wir, dass sich die Anteile der Nutzerinnen und Nutzer von Social-Media-Plattformen je nach Altersgruppen unterscheidet. 14- bis 29-Jährige nutzen[3] in Deutschland vor allem Instagram (79 %), Snapchat (52 %) und TikTok (41 %). 30- bis 49-Jährige sind vermehrt auf Facebook (50 %) und Instagram (46 %) unterwegs. 50- bis 69-Jährige nutzen ebenfalls Facebook (28 %) und Instagram (15 %), aber schon deutlich weniger. Für die 70-Jährigen ist nur noch Facebook (14 %) relevant (Koch, 2023, S. 3). Sie merken schon: Die Auswahl der Kanäle, die man bespielen sollte, hängt stark davon ab, wen man erreichen möchte.

Zu berücksichtigen ist, dass sich die Plattformen und ihre Relevanz für die eigenen Zielgruppen sehr schnell ändern können. Es ist nicht nötig (und oft: nicht möglich), als Wirtschaftsförderung sofort auf jeden neuen Social-Media-Kanal aufzuspringen. Teilen Sie Ihre Ressourcen und Kapazitäten sinnvoll ein und setzen Sie eher auf etablierte Kanäle, die eine hohe Reichweite in Ihrer Zielgruppe mitbringen.

---

[3] Nutzung von Social Media-Plattformen mindestens einmal wöchentlich

7.3 Soziale Medien

Nutzerinnen und Nutzer setzen schnelle Kommunikation, weiterführende Informationen und unterhaltende Elemente bei Unternehmensauftritten in den Sozialen Netzwerken voraus. Zunehmend werden aber auch Nachrichten über diese Netzwerke konsumiert oder Inhalte recherchiert (Hölig & Wunderlich, 2022, S. 31 ff.). Vor allem junge Menschen informieren sich in der Phase der Berufsorientierung immer mehr über Soziale Medien (Jahncke et al., 2020). Immer mehr Unternehmen und Institutionen stellen über Soziale Medien Berufe vor, zeigen den Arbeitsalltag von Auszubildenden und klären über vermeintliche Vorurteile auf.

Neben den bereits erwähnten sozialen Kanälen (von Meta), die eher auf private Interaktion, Interessen und Austausch setzen, gewinnen Business-Netzwerke wie LinkedIn zunehmend an Bedeutung, auch für Wirtschaftsförderungen. LinkedIn möchte geschäftliche Verbindungen aufbauen (und damit Geld verdienen), es geht also darum sich mit Kolleginnen und Kollegen, Geschäftspartnerinnen und Geschäftspartnern sowie Unternehmen zu vernetzen. Das Netzwerk ermöglicht es den Benutzerinnen und Benutzern, ihre beruflichen Profile zu erstellen und zu pflegen, die ihre Erfahrungen, Fähigkeiten und Ausbildungen darstellen. LinkedIn wird häufig für die Jobsuche und Personalrecruiting genutzt, da Unternehmen dort Stellenangebote veröffentlichen können. Darüber hinaus bietet LinkedIn verschiedene Werkzeuge und Ressourcen für die berufliche Weiterbildung, wie zum Beispiel Online-Kurse durch LinkedIn Learning. Es gibt auch Gruppen und Foren, in denen sich Nutzerinnen und Nutzer über berufsspezifische Themen austauschen und vernetzen können.

Um es sehr deutlich zu sagen: Weder „private" noch beruflich orientierte Social-Media-Kanäle sollten romantisiert werden. Dahinter stecken Konzerne mit knallharten Interessen, die Algorithmen und Eingriffe der Unternehmen sind von außen erratisch und undurchschaubar, die Macht ist klar verteilt und wird genutzt. An der Relevanz dieser Kanäle ändert das aber nichts. Die unheilvolle Entwicklung von „X", vormals Twitter, zeigt jedoch, dass eine große Zahl von Menschen auch bereit ist, einem Kommunikationskanal seine Relevanz letztlich abzusprechen.

Für Wirtschaftsförderungen stellt sich also die Frage, ob sich Social-Media-Auftritte lohnen und so die eigenen Zielgruppen erreicht werden können. Je nach Ziel, können vor allem drei soziale Netzwerke für Wirtschaftsförderungen sinnvolle Ergänzungen in ihrer Kommunikation darstellen: LinkedIn, YouTube und Instagram.

LinkedIn ist sinnvoll, um mit konkreten Personen in bestimmten Branchen und Unternehmen (zuerst am eigenen Standort) zu kommunizieren, Netzwerke aufzubauen oder um das Fachkräftemarketing anzukurbeln.

Instagram fördert den Imageaufbau und eignet sich besonders für ein übergreifendes Fachkräftemarketing, um zum Beispiel lokale Unternehmen und die dortigen Ausbildungsmöglichkeiten vorzustellen. Da Facebook immer noch insgesamt große Teile der Gesellschaft erreicht, kann der Kanal vor allem für die Imagebildung zusätzlich sinnvoll sein.

YouTube bietet Videos und lebt viel weniger von der sozialen Komponente als vielmehr von dem „Content" (also Videos), der angeboten wird. Die Plattform ist nach wie vor die wichtigste Plattform für Videos aller Art. Alle kennen den Player, der auch auf anderen Websites mit geringem Aufwand eingebunden werden kann. Videos können kommentiert werden und tauchen als Vorschlag zu thematisch ähnlichen Inhalten auf. Außerdem beeinflussen sie als Google-Tochter die Suchergebnisse positiv bei der Suchmaschine Google.

Ohne klares Konzept zur Nutzung Sozialer Medien sollten Sie besser ganz auf eine Präsenz verzichten. Klären Sie also vorab Zuständigkeiten und die Art der Ansprache. Denken Sie an Bilder, fassen Sie sich kurz und bleiben Sie mit Ihren Posts relevant. Definieren Sie für sich sogenannte Social Media Guidelines.[4] Abgesehen von der zu investierenden Arbeitszeit ist Social Media eine vergleichsweise kostengünstige, aber sehr effektive Maßnahme, um eine Community aufzubauen. Denn das Erstellen von Profilen und regelmäßigen Beiträgen ist kostenlos. Dennoch sollten Sie die Pflege von Social-Media-Kanälen nicht unterschätzen. Laufend zielgruppenspezifische und ansprechende Inhalte zu entwickeln, benötigt gewisse Ressourcen. Denn das Soziale Netzwerk muss kontinuierlich bespielt werden, um in den Köpfen der Nutzerinnen und Nutzer präsent zu sein.

Natürlich ist es auch möglich, in den verschiedenen Sozialen Medien Anzeigen zu schalten oder Beiträge mit Budget zu hinterlegen, damit diese bestimmten Zielgruppen ausgespielt werden. Es gibt dabei sehr viele Kriterien, nach denen Sie filtern können, um spezifische Gruppen zu erreichen. Zudem lassen sich ganze Kampagnen auf einer Plattform konzipieren, um Interessierten beispielsweise eine weitere Anzeige ausspielen zu lassen.[5] So können Sie sich immer wieder in das Gedächtnis der Zielgruppe rufen. Eine weitere Möglichkeit sind Kooperationen mit (Micro-)Influencern[6] oder lokalen Persönlichkeiten, die Empfehlungen aussprechen oder etwas ausprobieren. Einige Regionen haben hier zum Beispiel mit „Jobtesterinnen und -testern" gearbeitet. Das sind häufig Jugendliche aus der Region, die verschiedene Ausbildungsberufe ausprobieren und vorstellen.

---

[4] Hier gibt es bereits Vorlagen, die Kommunen nutzen können (vgl. Zwicker-Schwarm & Floeting, 2014, S. 479).

[5] Eine umfangreiche Einführung bieten Breyer-Mailänder und Zerren (2021) und Lammenett (2021).

[6] Micro-Influencer sind Personen, die in den Sozialen Medien eine eher kleine, aber engagierte Follower-Basis haben. Typischerweise haben Micro-Influencer zwischen 1000 und 10.000 Follower (Linxweiler et al., 2021, S. 255 ff.).

Ein „idealer Social-Media-Auftritt" erfüllt diese Ansprüche
- Der Social-Media-Auftritt ist zielgruppengerecht gestaltet.
- Der Kanal hat eine „menschliche Anmutung" und ist authentisch. Es werden also („echte") Menschen gezeigt und z. B. nicht nur Bauwerke in der Stadt oder leere Straßen.
- Die Nutzerzahlen entsprechen den Möglichkeiten.
- Die Gesetze des Mediums werden konsequent beachtet.
- Es werden ausdrucksstarke Fotos und prägnante Bewegtbilder verwendet.
- Der Kanal wirkt optisch einheitlich, das Corporate Design wird eingehalten. Wiederkehrende Elemente helfen dabei.
- Die Sprache und Tonalität ist einheitlich und passt zur übergeordneten Kommunikationsstrategie.
- Der Kanal verweist auf wichtige Zielplattformen, wie z. B. die Website.
- Der Auftritt ist interessant und hebt sich ab von der breiten Masse.
- Idealerweise findet auch ein direkter Dialog mit der Zielgruppe statt.
- Ehrliche Meinungsbildung und Echtzeit-Erreichbarkeit (Stichwort: „Community-Management").

7.4 Bilder und Videos

Bilder sind das in der Wirtschaftsförderung am stärksten unterschätzte Kommunikationsmittel. Vielleicht hat es mit der Mühe zu tun, die diese Inhalte machen. Dabei brauchen Sie zwei Arten von Bildern dringend für erfolgreiche Kommunikation:

1. Gute Bildideen für Termine mit der Presse, damit tagesaktuelle Bilder, die anlassbezogen erstellt und mit einer Meldung verbreitet werden, wahrgenommen werden.
2. Einen Grundstock von mindestens ca. 50 Bildern, die eine gemeinsame Bildsprache sprechen, erkennbar zusammengehören und auf der Website, in sozialen Netzwerken und im Printbereich eingesetzt werden können.

Wir alle kennen die zahllosen und kaum unterscheidbaren Bilder vom ersten Spartenstich, vom feierlichen Durchschneiden eines Bandes zur Einweihung, vom Händeschütteln unter Kolleginnen und Kollegen, von der Übergabe einer Studie und vom Gruppenfoto. Das Problem ist: Alle kennen diese Motive. Man kann sie kaum unterscheiden, sie lösen im Kopf nichts aus.

Journalistinnen und Journalisten sind in der Regel sehr dankbar, wenn Sie ihnen eine Motividee vorschlagen. Sie selbst konzentrieren sich auf ihren Artikel, nebenbei sind sie auch noch für ein passendes Foto zuständig, das sie immer häufiger auch noch selbst machen müssen. Auch die Protagonistinnen und Protagonisten vor der Kamera nehmen Regieanweisungen gerne an, wenn sie das Gefühl haben, dadurch auf einem interessanteren Foto abgelichtet zu werden.

Ein gutes Bild resultiert in der Regel nicht aus einem Übermaß an Spontaneität. Vor einem Termin, bei dem auch die Presse anwesend sein wird, sollten Sie sich eine Idee zurechtlegen und diese dann umsetzen. Am besten Sie wissen, was Sie vor Ort vorfinden und als Requisiten nutzen können. Falls nicht: Sie können Requisiten auch mit zum Termin nehmen.

Ansonsten gilt: Interaktion hilft jedem Pressefoto. Besuchen Sie mit der Landrätin oder dem Landrat einen Landmaschinenhersteller, stellen Sie sich nicht im Halbkreis vor einem Traktor auf, setzten Sie sich ins Fahrerhäuschen. Auf einem modernen Traktor ist Platz für mindestens drei Personen. Und wenn Sie ein Gebäude einweihen, stellen Sie sich nicht im Eingangsbereich auf. Lassen Sie sich (mindestens) im Gespräch mit dem Gebäude im Hintergrund fotografieren.

Gute Bilder werden Sie immer wieder benötigen. Die Presse fragt diese regelmäßig an, Sie brauchen sie, um Printmaterial zu erstellen und Ihre Website und Auftritte in Sozialen Medien profitieren ebenfalls von guten Bildern. Denn unser Mediennutzungsverhalten konditioniert uns darauf, vor allem Videos und Bildern Aufmerksamkeit zu schenken. Für Texte bleibt uns oft nicht mehr viel Zeit.

Erstellen Sie daher einen Grundstock von ca. 50 Bildern, die Sie immer wieder verwenden können. Die Bilder sollten vom Profi stammen. So wird klar: Die Fotos sind nicht zusammengesucht, sondern im Zusammenhang entstanden. Auch hier brauchen Sie eine Idee, die die Bilderserie trägt. Zum Beispiel könnten sich auf jedem Bild Menschen unterhalten, auf jedem Bild kann gearbeitet werden, Details können im Mittelpunkt stehen, Unschärfen können immer identisch eingesetzt werden. Erst durch eine solche Idee entsteht eine geschlossene Bildwelt, die auch als solche erkennbar ist. Dezente, einheitliche farbliche Filter können helfen. Wichtig ist, dass die Bilder bei alldem authentisch wirken. Menschen, die auf Ihrer Website abgebildet sind, sollten auch wirklich aus der Stadt oder Region kommen – verzichten Sie am besten ganz auf Models und in jedem Fall (!) auf Stockfotos.

Bilder müssen eine Geschichte erzählen. Immer. Und diese Geschichte muss Ihre Geschichte sein.

In vielen Kommunen gibt es Fotogruppen, die – richtig angesprochen – gerne bereit sind, solche Bilder zu erstellen. Oder sie vergeben einen Auftrag an eine örtliche Fotografin oder einen örtlichen Fotografen, die oder der die Bilder nach und nach, je nach Gelegenheit, erstellt und so pro Bild und nicht nach Tagessatz bezahlt werden kann.

7.4 Bilder und Videos

Neben guten Bildern werden Videos für die Kommunikation immer relevanter. Aus der Forschung wissen wir, dass Videos mehr Aufmerksamkeit geschenkt werden als Bildern und vor allem Texten (Rodeck, 2020, S. 346). Sie erhöhen das Interesse und lockern das Angebot einer Website auf. Auf Social-Media-Kanälen gehört die Kommunikation per Bewegtbild unbedingt dazu. Social-Media-Plattformen wie TikTok funktionieren heute nur noch über das Format (Kurz-)Video.

Die Videos müssen Sie den Sehgewohnheiten Ihres Publikums anpassen. Niemand schaut heute noch das 20-minütige Standortvideo, das mit frei zugänglicher Musik und vielen Einblendungen die Vorzüge einer Region hervorzuheben versucht – dazu müsste man Menschen in einen Raum sperren. Videos müssen schnell auf den Punkt kommen. Nach ein paar Sekunden zuschauen ist die Aufmerksamkeit des Betrachters am größten und nimmt dann kontinuierlich ab (Kreutzer, 2020, S. 24). Die maximale Länge der Videos ist je nach Kanal unterschiedlich. Ein Imagevideo für Ihre Website sollte z. B. nicht länger als drei Minuten sein. In den Sozialen Medien sind Videos grundsätzlich kürzer. Sogenannte Reels, also (unterhaltsame) Kurzvideos, sollten eher zwischen 30 und 90 Sekunden lang sein. Falls Sie bereits mit Videos arbeiten, lohnt es sich, einmal die Statistik auszuwerten. Falls Sie Ihre Videos bei YouTube anbieten, bekommen Sie eine aussagekräftige Übersicht über die durchschnittliche Abspieldauer Ihrer Videos.

Ein Mechanismus funktioniert im Bereich der Videos erfahrungsgemäß besonders gut: Videos können selbst zum Anlass für Berichterstattung werden. Das kann ein einmaliger Anlass sein, wie das neue Imagevideo der Stadt. Das kann auch eine Video-Serie sein, die immer wieder (am besten regelmäßig) mit einem neuen Video die Zielgruppe anspricht. Damit der Nachrichtenwert besonders hoch ist, sollten die Videos, die in Serie entstehen, von Menschen vor Ort gemacht werden. Im Idealfall von einem Verein oder Auszubildenden aus lokalen Unternehmen. Denken Sie auch ressourcenschonend, indem Sie z. B. einzelne Videosequenzen für das nächste Video weiterverwenden. Bei guter Planung müssen Sie nicht zu jedem Thema neues Videomaterial produzieren.

Wichtig ist zu verinnerlichen, dass Zuschauende Videos im Internet das Unperfekte verzeihen und es manchmal sogar erwarten. Scheu vor der Produktion von Amateurinnen und Amateuren ist oft unbegründet – jedenfalls, wenn es um Video-Serien geht. Hier wird das Unperfekte, ein kleiner Wackler der Kamera oder die nicht ganz ideale Ausleuchtung zum Stilelement. Kurze Videos für die Sozialen Medien kann mit ein bisschen Übung also jede und jeder selbst drehen. Gleichzeitig muss aber auch klar sein, dass ein Imagefilm einmal gedreht wird und die nächsten fünf Jahre die Stadt, die Kommune oder den Landkreis repräsentieren wird. Ein solches Video muss perfekt sein, vor allem deshalb, weil es in ganz unterschiedlichen Zusammenhängen gezeigt werden wird. Ein Imagefilm kann unter anderem für die Ansprache von Investorinnen und Investoren ein wichtiges Instrument sein. Ein Thema setzen Sie aber eher, indem Sie in Video-Serien denken und Ihre Zielgruppen kontinuierlich mit neuen Inhalten versorgen.

7.5 Über alle Kanäle hinweg: Content-Marketing

Weil Menschen sich mehr und mehr überfüttert fühlen von Werbebotschaften, Spam und Newslettern, suchen sie nach einer anderen, stressfreien und interessanten Art, sich selbstbestimmt zu informieren. Solche Ansätze, an die wir uns schon gewöhnt haben, bietet Content-Marketing.

Content-Marketing hilft, relevante und wertvolle Inhalte zu erstellen, die für Ihre Zielgruppen besonders interessant sind. Im Content-Marketing bereiten Sie wirklich relevante Themen auf wie einen redaktionellen Beitrag, den Sie über alle Kommunikationskanäle hinweg vermarkten. Sie bieten Ihren Zielgruppen also Informationen an, die für sie wirklich nützlich sind und einen Mehrwert schaffen. So können Sie Vertrauen und bestenfalls eine Beziehung mit Ihren Zielgruppen aufbauen, da das Angebot regelmäßig genutzt und konsumiert wird. Es gibt sehr verschiedene Formen, die Sie nutzen können, um Ihren Content zu vermitteln.

Bewährt haben sich unter anderem Blogbeiträge, also regelmäßige Artikel, die Sie auf einer Website veröffentlichen. Blogbeiträge eignen sich zudem hervorragend, um Suchmaschinenoptimierung zu betreiben, wenn Sie beim Texten die relevanten Keywords berücksichtigen. Trotzdem macht es natürlich etwas Mühe, einen wirklich guten Blogbeitrag zu schreiben, der die oben genannten Kriterien erfüllt. Außerdem müssen die Themen, die Sie hier bespielen, zu Ihrer Gesamtstrategie passen und auf die Marke einzahlen. Damit das besser gelingt, empfehlen wir Ihnen beim Schreiben von Blogbeiträgen auf sogenanntes Storytelling[7] zurückzugreifen. Mit Storytelling-Elementen wie zum Beispiel Unternehmens- oder Gründungsgeschichten können Sie Ihren Bericht noch interessanter gestalten und im besten Fall mehr Aufmerksamkeit bei Ihrem Publikum erzeugen. Die perfekte Verlängerung des Storytelling-Ansatzes funktioniert digital: Am besten dann, wenn es zu der Geschichte auch die passenden Videos gibt. Oder, wenn die Zielgruppe in den Sozialen Medien selbst mitmachen kann. Ein weiterer Vorteil beim

---

[7] Storytelling meint das Erzählen von Geschichten und ist eine kraftvolle Methode, um Informationen einfacher zu vermitteln, da diese in Zusammenhang mit einer persönlichen Geschichte besser im Gedächtnis bleiben und sich Leserinnen und Leser z. B. mit den Protagonistinnen und Protagonisten der Geschichte besser identifizieren können. Eine umfangreiche Einführung bietet Ullmann und Clawien (2020).

Verfassen von Blogbeiträgen ist, dass es sich um eine effektive und kostengünstige Strategie handelt, um eigene Inhalte zu platzieren. Sie investieren zwar Arbeitszeit in die Recherche und das Texten, aber für das Veröffentlichen und Verbreiten des Artikels über die eigenen Plattformen fallen in der Regel keine zusätzlichen Kosten an. Storytelling funktioniert auch losgelöst von Blogbeiträgen in den Sozialen Medien oder Videos. Sie können es also in jeglichen Kanälen und Formaten anwenden.

Auch Podcasts eignen sich sehr gut für Content-Marketing. Das Audioformat erfreut sich einer großen Beliebtheit – nicht zuletzt bei denen, die es herstellen, weil es relativ einfach zu produzieren ist. 43 Prozent der Deutschen hören regelmäßig Podcast (Bitkom, 2023). Im Durchschnitt hören die Nutzerinnen und Nutzer 68 Minuten am Tag (Seven.One Media GmbH, 2023). Das ist sehr viel Zeit, die Hörerinnen und Hörer einem Format dort schenken. Wichtig ist nur, dass der Podcast zur Positionierung, dem Markenkern und den Kommunikationsbotschaften passt. Er muss für die Zielgruppen relevante Inhalte behandeln (und nicht nur das, was Sie selbst interessiert). Viele Wirtschaftsförderungen nutzen das Format Podcast bereits, um beispielsweise lokale Geschichten aus der Wirtschaft zu erzählen oder einen Wissensaustausch zu fördern. Die inhaltlichen Ansätze können ganz verschieden sein, ebenso das Konzept hinter dem Podcast.[8]

Natürlich gibt es noch viele weitere Formen von Content-Marketing. Einen guten Überblick bietet Eschbacher (2021). Zudem können selbstverständlich auch über die Sozialen Medien oder Videos verschiedene Content-Formate umgesetzt werden.

7.6 Print-Marketing und Corporate Publishing

Print-Marketing bedeutet für Wirtschaftsförderungen in erster Linie Anzeigen in regionalen Printmedien und Branchen-Printmedien mit sehr „spitzer" Zielgruppe. Überregional geschaltete Anzeigen in großen, überregionalen Medien sind teuer und haben hohe Streuverluste. Sie kommen eher (aber nicht unbedingt) für die Wirtschaftsförderung eines Bundeslandes infrage.

Üblich, aber eigentlich nicht erlaubt, sind Verknüpfungen von Anzeigen mit der Garantie redaktioneller Texte. Verzichten Sie am besten darauf. Wahr ist: Ein redaktioneller Text kann nicht mit einer konkreten Aufforderung verknüpft werden. Eine flankierende Anzeige hingegen übernimmt dann manchmal diese Aufgabe. Wehren Sie sich gegen unproduktive Anzeigen in spezialisierten „Unternehmens"-Medien – sie werden oft nur von denen gelesen, die dort auch inserieren.

---

[8] Eine umfangreiche Einführung bietet Hammerschmidt (2022).

Der Draht der Wirtschaftsförderung zur lokalen Presse sollte so gut sein, dass eine Pressemitteilung auch am nächsten Tag zu einem Artikel führt. Viele Wirtschaftsförderungen sind sich der Bedeutung guter Pressebeziehungen bewusst und nutzen diese Form der Kommunikation sehr gut. Anzeigen können sich in diesem Umfeld lohnen, wenn Sie zum Beispiel auf eine Veranstaltung aufmerksam machen möchten, zu der Sie die Bürgerinnen und Bürger Ihres Standorts einladen.

> **Für die tägliche Arbeit sollten Branchenpublikationen grundsätzlich in diese zwei Kategorien eingeteilt werden**
> 1. Hochspezialisierte Branchenorgane, die trotz niedriger Gesamtauflage eine Branche tief durchdringen, Entscheidungsträgerinnen und Entscheidungsträger erreichen, zur Vernetzung innerhalb der Branche beitragen und Themen setzen.
> 2. Branchenmagazine, die den Anschein erwecken wollen, relevant für Entscheidungsträgerinnen und Entscheidungsträger zu sein, in Wahrheit jedoch nur vom Anzeigenverkauf leben und im Gegenzug redaktionelle Inhalte verkaufen. Dieser Mechanismus führt zu einer hohen Selbstreferenzialität, da diese Blätter von den Käuferinnen und Käufern der Anzeigen gelesen werden und nur die Leserinnen und Leser Anzeigen kaufen.

Der Markt für (seriöse) Fachmagazine in Deutschland ist groß. 5613 Fachzeitschriften werden regelmäßig veröffentlicht (Deutsche Fachpresse, 2023, S. 19).

Um über Printmedien außerhalb Ihrer Region auf sich aufmerksam zu machen, finden Sie unbedingt die wirklich relevanten Medien und lassen Sie sich nicht blenden. Gute gemachte Anzeigen, die Aufmerksamkeit erzielen und die Leserin und den Leser auf ungewöhnliche Weise ansprechen, können durchaus sinnvoll sein. Behalten Sie dabei die Kosten-Nutzen-Relation fest im Auge: Ein Ihnen bisher unbekanntes Medium kann überraschend hohe Preise für Anzeigen aufrufen, mitunter sind diese Preise durch gute Durchdringung der Branche aber gerechtfertigt. Das Magazin muss das nachweisen.

Viele Kommunen wünschten sich den Zuzug junger Familien, um Fachkräfte zu binden und dem demografischen Wandel und seinen Folgen vorzubeugen. Ein Beispiel: In weniger als einer dreiviertel Stunde erreicht man aus dem erschlossenen Neubaugebiet über die Autobahn Düsseldorf. In Düsseldorf weichen junge Familien längst in den Speckgürtel der Stadt aus, dessen Immobilienpreise sich immer stärker an denen von Düsseldorf selbst orientieren. Mit gezielten (Online-)Anzeigen im Düsseldorfer Immobilienteil konnten die Vorteile des eigenen Standortes also deut-

7.6 Print-Marketing und Corporate Publishing

lich hervorgehoben werden. Selbstverständlich funktioniert dieses Vorgehen auch online. Es ist eine gute Idee, eine solche Anzeige auf einschlägigen Online-Immobilienplattformen zu schalten und denjenigen auszuspielen, die aus einem relevanten Radius auf die Plattform zugreifen oder nach einem bestimmten Ort suchen.

Ein solcher Fall ist ideal: Die Zielgruppe ist klar benenn- und eingrenzbar, Anzeigen können regional oder sogar lokal geschaltet werden und Sie wissen, die Empfängerinnen und Empfänger haben ein konkretes Problem, für das Sie eine Lösung anzubieten haben.

Neben Printwerbung bedeutet klassische Werbung auch Außenwerbung, in der Regel in Form von Plakaten. Außenwerbung lohnt sich immer dann, wenn Sie wissen, wen Sie wo erreichen. An der Autobahn auf ein angrenzendes Gewerbegebiet aufmerksam machen, ist ein (man möchte sagen: „seit Jahrhunderten") erprobtes Mittel, das immer noch zu Recht zum Einsatz kommt. Zwar sehen unzählige unbeteiligte Autofahrerinnen und Autofahrer die Botschaft, aber eben auch die Unternehmerin oder der Unternehmer, die momentan noch vierzig Minuten Autofahrt über Land- und Bundestraße bis zur Autobahnauffahrt in Kauf nehmen müssen.

Das eben beschriebene Beispiel der Printanzeigen im Düsseldorfer Immobilienteil lässt sich auch auf Außenwerbung übertragen. Um bei diesem Beispiel zu bleiben: Menschen in Randbezirken pendeln mit öffentlichen Verkehrsmitteln und warten an Bushaltestellen und S-Bahnstationen und verbringen viel Zeit in öffentlichen Verkehrsmitteln. Auch hier gibt es überall Werbeflächen, die gemietet werden können, um auf günstige Wohnungspreise außerhalb der Stadt aufmerksam zu machen.

Darüber hinaus brauchen Sie wahrscheinlich nicht viele Flyer und Broschüren. Der Großteil der Kommunikation mit den Zielgruppen wird heute online stattfinden. Eine gut gemachte und hochwertige Standortbroschüre etwa ist trotzdem nach wie vor ein relevantes Print-Produkt für zum Beispiel Investorinnen und Investoren. Setzen Sie aber auf ein modernes Design im Magazinstil. Wichtiger denn je ist bei Print-Produkten heute, dass sie hochwertig sind und Aufmerksamkeit erzeugen. Natürlich muss der Content aber auch relevant sein. Ob ein Flyer, Postkarten oder ein eigenes Magazin beispielsweise die richtigen Print-Produkte für Ihr Standortmarketing sind, hängt also auch hier von den Zielgruppen, Themen, Kontexten und Kommunikationszielen ab. Solche Printprodukte sind aber in jedem Fall nur ein Element in einer Strategie, die sich wahrscheinlich vorrangig auf digitale Kanäle stützt. Die Broschüre mag per Post oder auf Messen verbreitet werden, aber es kommt dann darauf an, dass Sie die Inhalte (,wenn möglich als „Stories" aufbereitet') auch auf der Website, in der PR und den Sozialen Medien nutzen.

Vor allem größere Wirtschaftsförderungen setzen darauf, mit Unternehmen und Stadtgesellschaft über eigene Periodika zu kommunizieren. Solche regelmäßigen Magazine (häufig quartalsweise) können ein starkes Kommunikationsinstrument sein, wenn sie hochwertig gemacht sind. Das bezieht sich auf alle relevanten Aspekte: Qualität der Inhalte und Stories, Textqualität, Fotos, Druck usw. Die Einbahnstraßen-Kommunikation des Printproduktes sollte aufgelockert sein durch eine zeitgemäße Verknüpfung mit attraktiven digitalen Inhalten und durch die glaubwürdige Aufforderung zum Dialog an die Zielgruppen.

7.7 Beziehungsmarketing

Zu ihren Bestandskunden brauchen Wirtschaftsförderungen ein dauerhaftes, vertrauensvolles Verhältnis. Dazu gehören regelmäßigen Treffen – in kleiner Runde ebenso wie in Netzwerken. Nur so können Sie aktuell wissen, welche Entwicklung ein Unternehmen nimmt, welche Pläne das Management für die Zukunft hat und wie die Wirtschaftsförderung diese Pläne unterstützen oder ggf. beeinflussen kann. Die von Kundinnen und Kunden empfundene Geborgenheit und Berechenbarkeit gingen im Einzelhandel beispielsweise mehr und mehr verloren – und dieser Anonymisierungseffekt überträgt sich auch auf andere Bereiche der Wirtschaft und des gesellschaftlichen Zusammenlebens. Ein gutes Costumer Relationship Management kann auch Wirtschaftsförderungen helfen, solche Geborgenheit und Berechenbarkeit (auf beiden Seiten) zu steigern (Kreutzer, 2009, S. 266 f.).

Grundsätzlich setzt sich gutes Beziehungsmarketing aus einer qualitativen und einer quantitativen Komponente zusammen. Qualitative Aspekte umfassen die eigentliche Ansprache und Beziehung zur Kundin und zum Kunden. Diese ist für eine Wirtschaftsförderung besonders wichtig. Der quantitative Bereich, als messbare Ergebnisse wie Umsätze oder Stückzahlen, können in unserem Umfeld vernachlässigt werden. Beziehungsmarketing aus dem Vertrieb bietet aber trotzdem viele Inhalte, von denen die Wirtschaftsförderung lernen kann.

Beziehungen sollten auch in Datensätzen erfasst werden. Jedes Treffen mit einem Unternehmen aus dem Bestand, jeder Brief, jede E-Mail, jede Einladung sollte erfasst sein. Die Ergebnisse der Gespräche müssen so aufbereitet werden, dass auch Kolleginnen und Kollegen an bisherige Gespräche anknüpfen können. So können auch feste Termine für eine erneute Ansprache gesetzt werden, die ein konkretes Anliegen als Grundlage haben. Hierfür empfiehlt es sich ein Costumer-Relationship-Management-System zu nutzen, um alle Informationen zu einem Unternehmen zentral zu speichern. Denn ein aktuell gepflegter Datensatz hilft Ihnen sehr dabei zum Beispiel regelmäßige Newsletter an Ihre Unternehmen zu versenden und eine Art lokale Community aufzubauen. Zudem eignen sich Newsletter hervorragend, um kostengünstig eine Vielzahl ihrer Kontakte mit vergleichsweise wenig Aufwand zu erreichen.

7.8 Veranstaltungen

Veranstaltungen aller Art (sagen wir ruhig: „Events") sind ein weiteres wichtiges Instrument, um selbst Themen zu setzen. Dies gelingt Ihnen am besten, wenn eine Veranstaltung regelmäßig und mit einem gleichbleibenden übergeordneten Fokus stattfindet. Einmalig durchgeführte Veranstaltungen lohnen den Aufwand meistens nicht. Die notwendigen Vorarbeiten erfordern Planung, Koordination und die entsprechenden Ressourcen.

> **Im Vorfeld müssen Sie eine ganze Reihe von Dingen beachten, die Sie von Ihrer To-Do-Liste abarbeiten müssen – hier eine Auswahl**
> - Thematischen Fokus festlegen
> - Veranstaltungsort und Catering organisieren
> - Inhalte, z. B. Rednerinnen und Redner gewinnen
> - Teilnehmende auswählen
> - Teilnehmende mit einem Anschreiben einladen
> - Begleitende Kommunikation rund um die Veranstaltung
> - Presse im Vorfeld und im Nachgang berichten lassen

Gerade für eine noch nicht etablierte Veranstaltung werden sich Rednerinnen und Redner oder Teilnehmende für eine Podiumsdiskussion schwieriger finden lassen, Gästinnen und Gäste werden häufiger absagen und die Presse wird zögerlicher berichten. Daher empfehlen wir, eine regelmäßig stattfindende Veranstaltung ins Leben zu rufen, wenn Sie bisher noch nicht mit einer arbeiten.

So können Sie ein Thema, das Sie selbst setzen, jährlich auf die Agenda der Region setzen, ohne dass das künstlich wirkt. Sie stärken den Austausch zu diesem Thema untereinander und bringen neue Impulse in die Region.

Im Rahmen des Standortmarketings sind viele verschiedene Veranstaltungsformate denkbar. Zu den „Klassikern" gehören unter anderem Stammtische mit lokalen Unternehmen, Unternehmensbesuche, Netzwerktreffen, Preisverleihungen, Foren, Workshops oder Informationsveranstaltungen zu bestimmten Themen (z. B. Innenstadt, Digitalisierung, Nachhaltigkeit).

In diesem Jahr richtet eine lokale Wirtschaftsförderung bereits zum zweiten Mal einen „Digitaltag" für Unternehmen aus. Die Wirtschaftsförderung richtet das Event gemeinsam mit den Kammern und dem Mittelstand-Digital aus. Den Unternehmen wird ein umfassendes kostenfreies Programm zum Thema Digitalisierung geboten. Es geht um die Anwendung von Künstlicher Intelligenz, Extended Reality

(XR) und Cybersecurity sowie um digitale Lösungen für Prozessautomatisierung, Marketing oder Fachkräftegewinnung. In Vorträgen, Workshops und Demonstrationen werden verschiedene digitale Werkzeuge vorgestellt und digitale Weiterentwicklungsmöglichkeiten aufgezeigt. Neben der Wissensvermittlung gibt es auch genug Raum zum Netzwerken.

Resümee
1. Gute PR setzt eigene Themen auf die Agenda, ist handwerklich einwandfrei umgesetzt und orientiert sich am Service gegenüber den Journalistinnen und Journalisten.
2. Klassische Werbung in Printmedien ist für Wirtschaftsförderungen mit meist knappem Budget vor allem ein Mittel zur lokalen Ansprache.
3. Authentische Bilder in Verbindung mit einer zeitgemäßen Website sind immer noch ein wichtiges Kommunikationsmittel. Nutzerinnen und Nutzer haben hier die gleichen Ansprüche, die sie aus anderen Zusammenhängen schon als Standard gewohnt sind.
4. Websites werden in der Regel von mobilen Endgeräten abgerufen. Eine Website muss daher technisch einwandfrei laufen und an die mobile Nutzungsgewohnheiten angepasst sein.
5. Soziale Medien sind ein relevantes Feld für Wirtschaftsförderungen und treten in den direkten Dialog mit ihren Zielgruppen.
6. Videos dürfen höchstens zu kurz aber nie zu lang sein. Das Unperfekte kann in Serien zum Stilmittel werden.
7. Auch das ist Standortmarketing: Die organisierte und geplante, wiederkehrende Ansprache der Bezugsgruppen vor Ort.
8. Die Maßnahmen müssen immer zielgruppengerecht ausgewählt sein.
9. Denken Sie crossmedial: Wie können Sie zum Beispiel von analogen Events eine digitale Verlängerung schaffen?

Kontroll- und Lernfragen

1. Was muss ich beachten, wenn ich die Aufmerksamkeit der klassischen Medien erreichen möchte? Wie funktioniert kreative PR?
2. Wann und wo sind Anzeigen sinnvoll?
3. Was sind Erfolgskriterien für eine gute Internetseite?
4. Wie unterscheiden sich die Anforderungen an eine für Smartphone und Tablet optimierte Website von den Anforderungen an eine Website, die hauptsächlich auf einem PC angesurft wird?

5. Warum sind Bilder so wichtig?
6. Wann sind Bilder (und Bewegtbilder) „gut"?
7. Welche Sozialen Medien sind für die Wirtschaftsförderung geeignet?
8. Wie kann ich auch mit kleinen Budgets gute Videos umsetzen?
9. Welche Maßnahmen eignen sich für ein kleines Budget?
10. Welche Maßnahme wähle ich für welche Zielgruppe? Wovon ist die Auswahl abhängig?

Literatur

Balderjahn, I. (1996). Marketing für Wirtschaftsstandorte. *Der Markt, 35*(138), 119–131.
Bitkom. (2023). Anteil der Befragten, die hin und wieder Podcasts hören, in Deutschland in ausgewählten Jahren von 2016 bis 2023. https://de.statista.com/statistik/daten/studie/876487/umfrage/nutzung-von-podcasts-in-deutschland/. Zugegriffen am 03.05.2024.
Breyer-Mailänder, T., & Zerren, C. (2021). *Social Media im kommunalen Sektor.* Springer Gabler.
Deutsche Fachpresse. (2023). Fachpresse-Statistik 2023: Zahlen zum deutschen Fachmedienmarkt. https://www.deutsche-fachpresse.de/fileadmin/fachpresse/upload/bilderdownload/markt-studien/fachpresse-statistik/2023/24_DFP_Fachpresse_Statistik_2023-Final.pdf. Zugegriffen am 03.04.2024.
Eschbacher, I. (2021). *Content-Marketing – Das Workbook* (2. Aufl.). mitp Verlags GmbH & Co. KG.
Hammerschmidt, D. (2022). *Das Podcast-Buch: Strategie, Technik, Tipps – mit Fokus auf Corporate-Podcasts von Unternehmen & Organisationen* (2. Aufl.). Haufe Group.
Hölig, S., & Wunderlich, L. (2022). Instagram statt tagesschau? Die Rolle Sozialer Medien in der Nachrichtennutzung. Über Chancen und Risiken. In J. Schützeneder & M. Graßl (Hrsg.), *Journalismus und Instagram* (S. 29–44). Springer VS.
Institut für Demoskopie Allensbach. (2023). Internetnutzer in Deutschland nach Endgeräten der Internetnutzung im Jahr 2023. https://de.statista.com/statistik/daten/studie/940649/umfrage/umfrage-unter-internetnutzern-zu-endgeraeten-der-internetnutzung/. Zugegriffen am 03.05.2024.
Jahncke, H., Berding, F., Rebmann, K., Logemann, S., & Albers, K. (2020). Die Rolle der Social-Media-Anwendung Instagram bei der Berufswahlentscheidung von Jugendlichen. *Zeitschrift für Berufs- und Wirtschaftspädagogik, 116*(2), 57–90.
Koch, W. (2023). Ergebnisse der ARD/ZDF-Onlinestudie 2023. Soziale Medien werden 30 Minuten am Tag genutzt – Instagram ist die Plattform Nummer eins. *Media Perspektiven, 26*(2023), 1–8.
Kreutzer, R. T. (2009). *Praxisorientiertes Dialog-Marketing. Konzepte – Instrumente – Fallbeispiele.* Gabler.
Kreutzer, R. T. (2020). *Die digitale Verführung.* Springer.
Lammenett, E. (2021). *Praxiswissen Online-Marketing: Affiliate-, Influencer-, Content-, Social-Media-, Amazon-, Voice-, B2B-, Sprachassistenten- und E-Mail-Marketing, Google Ads, SEO.* Springer Gabler.

Linxweiler, R., Merz, Y., & Scheu, P. (2021). Kleine Marken, große Wirkung? In S. Detscher (Hrsg.), *Digitales Management und Marketing* (S. 247–264). Springer Gabler.

Raaf, U. (2021). *Der SEO Planer: Suchmaschinenoptimierung in Unternehmen richtig organisieren und umsetzen (mit Checklisten)*. Springer Gabler.

Rodeck, S. (2020). Social Media Recruiting mit Videos. In R. Dannhäuser (Hrsg.), *Praxishandbuch Social Media Recruiting* (S. 313–346). Springer Gabler.

Seven.One Media GmbH. (2023). Durchschnittliche Verweildauer bei der Podcast-Nutzung je Person an einem Nutzungstag in Deutschland in den Jahren 2020 bis 2023 (in Minuten). https://de.statista.com/statistik/daten/studie/1360206/umfrage/taegliche-nutzungsdauer-von-podcasts-in-deutschland/. Zugegriffen am 25.04.2024.

Ullmann, L., & Clawien, C. (2020). „Erzählt uns was Schönes" – digitales Storytelling im Content Marketing. In M. Wesselmann (Hrsg.), *Content gekonnt* (S. 179–194). Springer Gabler.

Wiesner, K. A. (2013). *Erfolgreiches Regional- und Standortmarketing*. KSB Media.

Zwicker-Schwarm, D., & Floeting, H. (2014). Facebook, Twitter und Co.: Die Rolle von Social Media in der Wirtschaftsförderung. In R. Beck, R. Heinze, & J. Schmid (Hrsg.), *Zukunft der Wirtschaftsförderung* (Bd. 14, S. 467–495). Nomos.

Eine Kampagne richtig umsetzen

8

Zusammenfassung

Die Qualität guten Standortmarketings hängt von Strategie und Konzeption ab. Häufig scheitert ein gutes Konzept noch an den Schwierigkeiten der Umsetzung. Dabei ist es möglich, dieses Risiko durch gute handwerkliche Arbeit zu minimieren. Die Qualität von eingeholten Angeboten für eine Standortmarketingkampagne hängt von der Qualität der Ausschreibung ab. Die Auftraggeberin oder der Auftraggeber tut sich also einen großen Gefallen, wenn seine Ausschreibung so klar und aussagekräftig wie möglich ist. Die Auswahl der richtigen Dienstleisterinnen und Dienstleister für das Standortmarketing ist eine schwierige und komplexe Aufgabe. Sie wird in der Wirtschaftsförderung durch die Erwartung der Politik erschwert, auch die örtliche Werbewirtschaft zu „fördern" – und zwar weitgehend unabhängig von der Qualität der Leistung. Dem muss man sich entgegensetzen. Die Steuerung der im Prozess ausgewählten Dienstleisterinnen und Dienstleister ist ebenfalls wichtig. Hierbei helfen aussagekräftige Briefings, die auch tatsächlich steuern.

Lernziele
- Den Prozess der Kampagnen-Planung und -Umsetzung beschreiben.
- Aussagekräftige Briefings gestalten.
- Die Eignung von Dienstleisterinnen und Dienstleistern beurteilen.

8 Eine Kampagne richtig umsetzen

Abb. 8.1 Der Weg vom Konzept bis zur Umsetzung ist umfangreich

So sehr die Qualität guten Standortmarketings von Strategie und Konzeption abhängt, so häufig scheitert ein gutes Konzept noch an den Schwierigkeiten in der Umsetzung. Dabei ist es möglich, dieses Risiko durch gute handwerkliche Arbeit erheblich zu begrenzen. Abb. 8.1 zeigt, wie die verschiedenen Schritte erfahrungsgemäß (zeitlich) ineinandergreifen sollten.

8.1 Die Ausschreibung

Wirtschaftsförderungen unterliegen fast immer der Verpflichtung, Dienstleistungen auszuschreiben. Das bedeutet einen hohen Aufwand, vergrößert aber auch die Chance, aus einer Reihe von wirklich guten Angeboten auswählen zu können.

Die Qualität der Angebote hängt zuerst von der Präzision der Ausschreibung ab. Deshalb ist es wichtig, sich vor der Umsetzungsphase sehr gründliche Gedanken zu Strategie, Zielgruppen und Positionierung zu machen und den Wettbewerb

8.1 Die Ausschreibung

genau zu kennen. Wer sich zunächst ein gutes Konzept erarbeitet, kann sehr viel besser erklären, worum es geht und was die Ziele sind.

Agenturen (egal ob für eine Gesamtkampagne oder eine Teilumsetzung, wie beispielsweise ein Internetportal) mögen es, wenn die Kundinnen und Kunden wissen, was sie wollen. Sie sind sonst gezwungen, das offensichtliche Vakuum mit Erfahrung und guter Laune zu füllen – und das Ergebnis kann schnell beliebig wirken. Im schlimmsten Fall bekommt ein Landkreis dann eine Kampagne, die bei einem großen Unternehmen schon fast einmal erfolgreich verlaufen wäre …

Die Auftraggeberin oder der Auftraggeber tut sich also einen großen Gefallen, wenn ihre oder seine Ausschreibung so klar und aussagekräftig wie möglich ist. Dazu empfiehlt sich (wenn dem Umfang nach möglich) eine zweistufige Ausschreibung, bei der zunächst die Leistungsfähigkeit der Teilnehmenden anhand wirtschaftlicher Daten und aussagekräftiger Referenzen geprüft wird. Meist gibt das verfügbare Budget den rechtlichen Rahmen für das Verfahren vor.

In der zweiten und entscheidenden Runde gehört dann tatsächlich „alles" auf den Tisch, was vorher erarbeitet worden ist. Dazu gehören:

- Laufzeit der Kampagne
- Budget
- Ziele, Zielgruppen, Positionierung
- Ausgewählte Kommunikationskanäle
- Genaue Aufgabenstellung für die Präsentation

Übrigens: Fairness zahlt sich aus. Erhebliche Vorarbeiten im Wettbewerb ohne Pitch-Honorar zu verlangen ist zwar weithin üblich, es ist aber keinesfalls ethisch in Ordnung. Zwar sonnen sich Auftraggeberinnen und Auftraggeber im trügerischen Gefühl, es gebe einen vitalen Wettbewerb um ihre Aufträge. Es gibt aber für jede Aufgabe nur wenige qualitativ herausragende Dienstleisterinnen und Dienstleister, und die drehen sich weg, sobald sie einen Mangel an Fairness wittern. So erhält man nur noch mittelmäßige Angebote und merkt es in vielen Fällen nicht. Auch deshalb ist ein zweistufiges Verfahren sinnvoll, wo es anwendbar ist. Mehr als drei Agenturen zum finalen Wettbewerb einzuladen, sollte bei einer klugen, langfristig ausgerichteten Strategie im Dienstleistungs-Markt die Ausnahme sein. Im wohlerwogenen eigenen Interesse.

Auch unterlegene Agenturen gewähren häufig gern die Nutzung ihrer Ideen, wenn das Honorar für die Wettbewerbsteilnahme angemessen ist.

Zwar bietet das Ausschreibungsrecht hinreichende Möglichkeiten, eine nicht ernst gemeinte Ausschreibung deutlich zu kennzeichnen. Davon kann aber nur abgeraten werden: Wer den Wettbewerb aushebelt, der wird teuer und schlecht bedient. Dieser Effekt ist zwangsläufig.

Auch das entgegengesetzte Problem kommt vor: Eine gut gemeinte, aber schlecht gemachte Ausschreibung wirkt ungewollt unehrlich und führt dazu, dass nur die passenden (mittelmäßigen) Angebote kommen.

8.2 Die richtigen Dienstleistungsunternehmen identifizieren und auswählen

Die Auswahl der richtigen Dienstleistungsunternehmen für das Standortmarketing ist eine schwierige Aufgabe. Sie wird in der Wirtschaftsförderung durch die Erwartung der Politik erschwert, auch die örtliche Werbewirtschaft zu „fördern" – und zwar weitgehend unabhängig von der Qualität der Leistung. Dem muss man sich klar entgegenstellen.

Man kann sagen: Eine Standortmarketingkampagne mit „eigenen" Dienstleisterinnen oder Dienstleistern zu konzipieren, ist eigentlich immer falsch. Denn ihnen fehlt die Distanz, der Blick von außen, sie sind in komplexe Netzwerke und Beziehungen eingebunden, die eine unbefangene Arbeit erschweren. Wenn also irgend möglich, sollte man seine Agentur woanders suchen.[1]

Natürlich gibt es auch Pro-Argumente: Bei niedrigen Budgets lohnt es sich, Reisezeiten und -kosten niedrig zu halten. Eine Ausnahme stellen Gewerke wie Fotografie dar: Hier ist eine Vernetzung vor Ort für die Erstellung einer geeigneten Bildwelt häufig sehr von Vorteil.

Allein entscheidend bei der Auswahl sollte aber die erwartbare Qualität sein. Die Ausschreibung bietet hinreichende Möglichkeiten, diese abzuprüfen. Geachtet werden sollte nicht nur auf die endgültige Umsetzung in konkreten Produkten, sondern auch auf die zugrunde liegende strategische Kompetenz. Schließlich spielt auch der menschliche Faktor eine Rolle.

> **Eine gute Agentur für eine Standortkampagne ...**
> - macht Standortmarketing nicht zum ersten Mal,
> - überlegt sich individuelle Lösungen,
> - steht für eine sehr hohe kreative Leistung,
> - hat auch eine strategische Kompetenz,
> - ist weder „billig" noch „teuer", sondern hat ein branchenübliches Preis-Leistungs-Verhältnis.

---

[1] Eine Übersicht zu Agenturen, die Kommunikations-Dienstleistungen übernehmen, und den – je nach Auftrag unterschiedlichen – Ausprägungen der Dienstleistungen bietet Joainig (2014) in dem Kapitel Kommunikationsagenturen (S. 41–54).

Dasselbe gilt auch dann, wenn Einzelleistungen beauftragt werden – auch wenn eine Fotografin oder ein Fotograf keine Marketing-Strategin oder Marketing-Stratege sein muss, benötigt sie oder er doch eine hohe handwerkliche Kompetenz und einige Erfahrung, um eine hohe Qualität zu liefern.

Mit etwas Aufwand ist es leicht möglich, geeignete Dienstleisterinnen und Dienstleister zu identifizieren, die den genannten Kriterien entsprechen. Das kann durch Hinweise von Kolleginnen und Kollegen, einen Blick auf gute Kampagnen anderer Standorte oder (bei größeren Budgets) einen Blick in die Branchen-Postillen der Werbewirtschaft geschehen. Hier gibt es etwa regelmäßige Rankings auch für Teildisziplinen.

Vieles spricht dafür, sich bei kleinen Budgets kein „Generalmanagement" zu suchen, sondern die einzelnen Bausteine der Kampagne selbst zu koordinieren. Das erfordert neben einer guten Standortstrategie und dem passenden Standortmarketingkonzept aber auch fachliche Kompetenz und die nötigen Ressourcen.

8.3 Dienstleistungen mit Briefings steuern

Egal ob eine mittelständische, oder aber eine „große" (und entsprechend leistungsfähige) Agentur gewählt wird: Die effektive Steuerung durch die Wirtschaftsförderung ist sehr wichtig. Das ist häufig nicht einfach, weil das Erfahrungswissen fehlen kann, um Mediapläne kundig zu kommentieren oder etwa einer Fotografin oder einem Fotografen ganz genau zu sagen, wie sie oder er fotografieren soll.

Das ist aber notwendig. Präzision in Ziel und Aufgabe sind absolut entscheidende Erfolgsfaktoren für den Erfolg einer Kampagne – auch damit am Ende alles gut zusammenpasst. Die äußere Form dieser Präzision ist ein gutes Briefing.

Die Alternative dazu darf eigentlich keine sein: Ohne gute Briefings entwickelt die Kreation, was sie lustig findet, die Fotografin oder der Fotograf fotografiert im Stil einer Traumhochzeit und die Webagentur zeigt das, was gerade so im Trend ist. Was sollen sie auch anderes tun? Das deutsche Standortmarketing ist voll von den Ergebnissen mangelnder Steuerung.

Es ist durchaus üblich, dass Dienstleisterinnen und Dienstleister ihre Briefings nach einem intensiven Gespräch selbst schreiben. Dann werden Sie sehen, welche Lücken die Kundinnen und Kunden in den Überlegungen hatten und müssen versuchen, diese selbst zu füllen. Einmal mehr gilt: Sie müssen Ihre Ziele, Zielgruppen, Botschaften und Argumente kennen – kein noch so gutes Webdesign kann sie ersetzen. Nebenbei ist das Erstellen eines aussagekräftigen Briefings eine gute Überprüfung der eigenen Wünsche und Vorgaben, denn auch die Auftraggeberin oder der Auftraggeber entdeckt so die Lücken, die die beauftragte Agentur ohne Briefing interpretieren müsste (Klein, 2007, S. 683).

Gut und richtig ist es also, wenn die Auftraggeberin oder der Auftraggeber sich selbst an einem präzisen Briefing versucht. Das geht meist nicht allein am Schreibtisch, sondern setzt eine Standortstrategie und eine Positionierung voraus, am besten in entsprechenden Prozessen. Ein gutes Briefing beantwortet fast immer dieselben Fragen. Abb. 8.2 zeigt, welche Fragen ein gutes Aufgaben-Briefing abdeckt.

Aufgabe	Was genau soll entwickelt werden - eine Gesamtkampagne, eine Bilderwelt, eine Website? In genau welchem Umfang?
Einzelheiten	Eine möglichst detaillierte (aber trotzdem nicht zu lange) Beschreibung der gewünschten Details - bei einer Website bspw. grobe Überlegungen zum Menü, zu Funktionalitäten wie Videos oder Newslettern, zur Pflege (Redaktionssytem etc.).
Hintergrund	Es ist ebenso schwierig wie spannend, die hinter dem Auftrag liegenden Überlegungen einmal in ganz wenigen Sätzen zusammenzufassen. Der Dienstleister muss diese ja noch viel weiter zuspitzen und verdichten - der Zwischenschritt lohnt sich also im Hinblick auf ein besseres Ergebnis.
Anforderungen	Hier sind die Ansprüche an die Leistung zu definieren - welche Qualität und Anmutung sind gewünscht, was muss das Ergebnis leisten können?
Zielgruppe(n)	Eine möglichst präzise Beschreibung. Also nicht "Investorinnen und Investoren", sondern bspw. "Entscheiderinnen und Entscheider auf der 1. und 2. Managementebene in US-amerikanischen Unternehmen der chemischen Industrie", nicht "Jugendliche" sondern "Menschen im Kreisgebiet zwischen 15 und 21 Jahren, die eine Schule oder Hochschule besuchen".
Soll-Reaktion	Zu was genau soll die Lösung die Zielgruppe bewegen?
Kernbotschaft	Was ist die zentrale Botschaft?
Beweise	Es ist gut, wenn neben den Botschaften auch die wichtigsten Fakten genannt werden können, die diese unterstützen.
Umfeld	Ein Hinweis auf das definierte Wettbewerbsumfeld hilft bei der Einschätzung.
Do's und Dont's	Was muss beachtet, was darf nicht getan werden?
Hilfreiches	Hinweise auf das Corporate Design Manual oder auf eine Lösung, die den eigenen Wünschen nahekommt.
Timing	Ein möglichst genauer Ablauf der Leistungserstellung.

Abb. 8.2 Ein gutes Aufgaben-Briefing deckt diese Fragen ab

Natürlich kann es im Einzelfall sinnvoll sein, auf einen oder mehrere dieser Punkte zu verzichten. Der Gesamtumfang eines Briefings sollte zwei Seiten nicht überschreiten. Es ist innerhalb von erfolgreichen Agenturen durchaus üblich, die Länge von Briefings auf maximal eine Seite zu beschränken. Denn was darüber hinausgeht, kann auch nicht mehr wichtig sein – so das (nicht ganz falsche) Argument.

Durchaus erwägenswert ist, Dienstleistungsunternehmen ganz bewusst nicht mit der Fülle von Material zu konfrontieren, die im Laufe der Entwicklung eins Standortmarketingkonzeptes zusammenkommt. Für die Vorbereitung der Auftraggeberin oder des Auftraggebers sind Workshop-Protokolle wichtig – für die Dienstleisterin oder den Dienstleister ist ein gutes Briefing aber die bessere Schnittstelle zu einer guten Kampagne.

Natürlich unterscheiden Briefing-Papiere sich je nach der gestellten Aufgabe. Ein Briefing für eine Logo-Entwicklung, ein komplett neues Corporate Design, eine Social-Media-Begleitung, eine Videoproduktion oder ein Storytelling-Projekt werden jeweils recht unterschiedlich sein. Das macht es reizvoll und häufig sinnvoll, die „Strateginnen und Strategen" der Konzeptentwicklung auch mit den Briefings zu betrauen.

Die Kraft und Bedeutung guter Briefings für den Erfolg der Kampagne darf jedenfalls nicht unterschätzt werden. Gleichzeitig hat es einen positiven Effekt auf die Zusammenarbeit mit der Agentur, wenn Sie von Anfang an präzise kommunizieren. Es ist empfehlenswert, wenn Sie sich von Anfang an (auch vertraglich) zusichern lassen, dass die Betreuung während des Projektes durch eine feste Ansprechpartnerin oder einen festen Ansprechpartner erfolgt. Trotzdem sollten Sie selbst im Verlauf der Zusammenarbeit immer wieder prüfen, ob die Vorschläge der Agentur der Zielerreichung und den Interessen der Zielgruppen dienen.

8.4 Erfolgskontrolle in der Umsetzung

Die Erfolgskontrolle ist bei kommunikativen Zielen schwieriger als bei anderen, zum Beispiel wirtschaftlichen Zielen. Zur Erfolgskontrolle können sowohl quantitative als auch qualitative Ziele dienen. Um den Erfolg Ihrer Marketingaktivitäten im Standortmarketing zu messen, ist es wichtig, dass Sie vorab relevante Kennzahlen (die berühmten KPIs – „Key Performance Indicators") identifizieren und verfolgen. Jeder genutzte Kanal hat dabei seine ganz eigenen Kennzahlen, die bewertet werden können. Wichtig ist, dass Sie sich realistische Ziele setzen, die zu Ihren Ressourcen passen. Im Folgenden besprechen wir einige wichtige Kennzahlen von Websites, Newslettern und den Sozialen Medien.

Es empfiehlt sich, die eigenen **Websites** mit einem entsprechenden Tool zu verknüpfen, sodass die wichtigsten Kennzahlen erfasst und analysiert werden können.[2] Folgende Kennzahlen sollten Sie für Ihre Websites im Blick haben:

- Gesamtbesuchende: Die Anzahl der Besuchenden auf Ihrer Website.
- Verweildauer: Die durchschnittliche Zeit, die Besuchende auf Ihrer Website verbringen. Eine längere Verweildauer kann auf ein höheres Engagement hinweisen. Zudem ist es interessant zu wissen, auf welchen Seiten die Verweildauer eher hoch bzw. niedrig ist.
- Seiten pro Sitzung: Die durchschnittliche Anzahl von Seiten, die Besuchende während einer Sitzung aufrufen.
- Absprungrate: Der Prozentsatz der Besuche, bei denen Nutzerinnen und Nutzer nach Betrachtung einer Seite die Website verlassen.
- Konversationsraten: Der Prozentsatz der Besuchenden, die eine gewünschte Aktion ausführen (z. B. Anmeldung zum Newsletter oder Download).
- Verkehrsquellen: Wie kommen die Nutzerinnen und Nutzer auf Ihre Website? Über die direkte Eingabe der URL, über eine Suchmaschine und ein nicht bezahltes Suchergebnis oder über eine soziale Plattform?

Diverse Newsletter-Tools geben Ihnen nach dem Versand eine Analyse der wichtigsten Kennzahlen im **E-Mail-Marketing** aus:[3]

- Versandanzahl im Verteiler: An wie viele Menschen haben Sie die E-Mail verschickt?
- Bounce-Rate: Rate zur Anzahl der E-Mails, die nicht zugestellt werden konnten.
- Öffnungsrate: Der Prozentsatz der Empfängerinnen und Empfänger, die eine E-Mail öffnen. Eine hohe Öffnungsrate ist selbstverständlich das Ziel. Vor allem der Betreff kann einen großen Einfluss auf die Öffnungsrate haben.
- Klickrate: Der Prozentsatz der Empfängerinnen und Empfänger, die in der E-Mail auf einen oder mehrere Links klicken.
- Konversationsrate: Der Prozentsatz der Empfängerinnen und Empfänger, die innerhalb Ihrer E-Mail auf einen Link klicken, der eine spezifische Aktion durchführt.
- Abmelderate: Der Prozentsatz der Empfängerinnen und Empfänger, die sich von Ihrem Newsletter abmelden.

---

[2] Eine umfangreiche Einführung bieten Theobald und Specht (2022).
[3] Eine umfangreiche Einführung bieten Ahrholdt et al. (2019).

8.4 Erfolgskontrolle in der Umsetzung

In den **Sozialen Medien** gibt es eine Vielzahl an Kennzahlen, die Sie beobachten und analysieren können. Viele Plattformen bieten Ihnen bereits Einblicke in die relevantesten Kennzahlen, um das Ergebnis Ihrer Social Media-Aktivitäten zu bewerten, Trends zu erkennen und Entscheidungen für zukünftige Kampagnen abzuleiten.[4] Hier eine unvollständige Auswahl der zentralen Kennzahlen im Social Media-Marketing:

- Follower-Zahl und Wachstum: Gibt die Anzahl der Personen an, die Ihrem Social-Media-Profil folgen und wie sich die Zahl im Zeitverlauf verändert.
- Engagement-Rate: Diese Rate umfasst Likes, Kommentare und andere Interaktionen, die Ihre Beiträge enthalten. Eine hohe Engagement-Rate deutet darauf hin, dass Ihre Inhalte in der Zielgruppe gut ankommen.
- Impressionen: Gibt die Anzahl der Male an, die ein Beitrag angezeigt wird.
- Reichweite: Gibt die Anzahl der Personen an, die Ihren Beitrag gesehen haben. Im Gegensatz zu Impressionen misst die Reichweite, wie viele individuelle Personen mit einem Beitrag erreicht wurden.
- Klickraten: Der Prozentsatz der Nutzerinnen und Nutzer, die z. B. auf einen Link in Ihrem Beitrag klicken.
- Konversationsrate: Misst, wie viele der durch Social Media initiierten Besuche zu einer gewünschten Aktion geführt haben (z. B. Anmeldung zum Newsletter oder einem Event).

Dies sind die offensichtlichen, digitalen Messparameter. Auch Imageuntersuchungen sind wertvoll – allerdings auch relativ aufwändig. Hier wird eine definierte Zielgruppe am besten nach einer Nullmessung mehrfach befragt, im Idealfall in einem fest zusammen gesetzten Panel. Eine kostengünstigere Kontrollmöglichkeit bieten Medienwirkungsanalysen. Dabei werden alle Arten von Medien oder auch Soziale Medien anhand festgelegter Begriffe auf ihre Aussage und Tonalität hin untersucht. Das kann für die Planung und Steuerung erfolgreichen Standortmarketings sehr hilfreich sein.

Auch qualitative Methoden wie beispielsweise Interviews und Fokusgruppen können einen hohen Wert haben. Solche Techniken lassen sich auch dann zur Steuerung einsetzen, wenn man sie vor die Verwendung von Mediabudgets setzt: Die geplante Kommunikation im Vorhinein mit den Zielgruppen zu überprüfen, macht den Erfolg natürlich wesentlich wahrscheinlicher – und die nachgelagerte Kontrolle befriedigender.

---

[4] Eine umfangreiche Einführung bieten Ahrholdt et al. (2023).

Um den gesamten Erfolg Ihrer Kampagne oder Marketingaktivitäten einschätzen zu können, müssen Sie die verschiedenen Aktivitäten im Zusammenhang betrachten. Nur so können Sie beurteilen, welche Maßnahmen gut und weniger gut funktioniert haben. Insgesamt ist es aber schwierig zu beurteilen, wie gut die eigene Kampagne im Vergleich zu anderen Standortmarketingkampagnen abschneidet, da Sie in der Regel keinen Zugriff auf die Zahlen der anderen Standorte haben werden. Es gibt also leider nicht *die* eine Kennzahl, die Ihnen anzeigt, ob ihr Marketing gut oder schlecht ist. Es ist also ähnlich schwierig den Erfolg von Standortmarketing zu messen wie den Erfolg von Wirtschaftsförderungen im Allgemeinen darzustellen. Die Indikatoren sind in der Regel mehrdimensional, voneinander abhängig und hängen zusammen (Ackermann, 2019, S. 10 ff.). Es ergeben sich schnell „komplexe Wirkungsverflechtungen" (Ackermann, 2019, S. 11).

Resümee
1. Eine gute und präzise Planung der Umsetzung ist genauso wichtig wie die Entwicklung von Strategie und Konzept. Sie stellt das „Scharnier" zwischen Strategie und Kampagne dar.
2. Ausschreibungen müssen akribisch vorbereitet sein und sollten nicht nur juristisch unangreifbar, sondern auch ethisch korrekt durchgeführt werden.
3. Qualität geht immer vor sachfremden Argumenten: Dienstleisterinnen und Dienstleister dürfen nicht deshalb ausgewählt werden, weil sie zwar mittelmäßig, aber ortsansässig sind. Oder weil es gute persönliche Beziehungen gibt. Die Auswahl geeigneter Dienstleistungsunternehmen kostet Arbeit und verdient hohe Aufmerksamkeit.
4. Gute und präzise Briefings sind ein wesentlicher Erfolgsfaktor für die Umsetzung einer Standortmarketingkampagne.
5. Die Erfolgskontrolle von Marketingaktivitäten ist unerlässlich, um zu erkennen, ob die Idee so funktioniert hat, wie geplant. Nur so kann richtig nachgesteuert werden.

Kontroll- und Lernfragen
1. Was sind die wesentlichen Inhalte eines Agenturbriefings?
2. Welche unterschiedlichen Wege gibt es, um geeignete Agenturen zu finden?
3. Woran kann ich geeignete Dienstleisterinnen und Dienstleister erkennen?
4. Wer sollte ein Briefing erstellen: Auftraggeberinnen und Auftraggeber oder Dienstleistungsunternehmen? Aus welchen Gründen?

5. Worauf kommt es beim Fotobriefing an?
6. Wie sehe ich, ob eine Kommunikationsmaßnahme gut war und ich sie beibehalten sollte?

Literatur

Ackermann, G. (2019). Grundlegende Steuerungsmöglichkeiten der Wirtschaftsförderung. In J. Stember, A. Fink, P. Pongratz, & M. Vogelgesang (Hrsg.), *Handbuch Innovative Wirtschaftsförderung* (S. 1–18). Springer Gabler.

Ahrholdt, D., Greve, G., & Hopf, G. (2019). E-mail-marketing. In *Online-marketing-intelligence* (S. 145–160). Springer Gabler.

Ahrholdt, D., Greve, G., & Hopf, G. (2023). Social media marketing. In *Online-marketing-intelligence* (S. 67–191). Springer Gabler.

Klein, O. (2007). Zusammenarbeit mit Kommunikationsagenturen: Auswahl, Briefing, Kosten, Erfolgskontrolle. In M. Piwinger & A. Zerfaß (Hrsg.), *Handbuch Unternehmenskommunikation* (S. 677–690). Springer.

Theobald, E., & Specht, M. (2022). Digitales Brand Controlling: Ein Framework für das Brand-Controlling im Rahmen der Website-Performance-Messung. In E. Theobald & B. Gaiser (Hrsg.), *Brand Evolution* (S. 711–730). Springer Gabler.

Digitale Transformation und KI im Standortmarketing

9

Zusammenfassung

Der anhaltende Digitalisierungsprozess und vernetzte Kommunikationstechnologien sorgen für Umbrüche in der Kommunikation und im Nutzungsverhalten aller Zielgruppen, die teils sehr radikal ausfallen und nicht zu ignorieren sind. Standortmarketing muss also aus der Perspektive der digital vernetzten Nutzerinnen und Nutzer begriffen werden. Fast alles, was wir kommunizieren wollen, muss digital aufbereitet sein. Dazu kommt, dass unsere Ansprüche an professionelle Kommunikation gewachsen sind und sich heute auf alle Lebensbereiche beziehen – also auch vor der Kommunikation einer Verwaltung nicht Halt macht. Zudem kommen starke Treiberinnen und Treiber der Digitalisierung dazu – wie vor allem die Künstliche Intelligenz, die immer stärker Anwendung in unserem Alltags- und Berufsleben findet.

Lernziele
- Die Bedeutung der digitalen Transformation für die Lebens- und Arbeitswelt verstehen.
- Die Auswirkungen der Digitalisierung auf das Standortmarketing nennen.
- Einsatzmöglichkeiten von Künstlicher Intelligenz im Standortmarketing kennen.

Die digitale Transformation betrifft unsere gesamte Gesellschaft, und zwar in allen Teilbereichen: im Leben, beim Arbeiten und Wirtschaften. Wir sind inzwischen eine Netzwerkgesellschaft, in die laufend zukunftsweisende Technologien wie die Künstliche Intelligenz (KI) Einzug halten und unser tägliches Leben und die Arbeitswelt verändern (Zukunftsinstitut, 2023).

Die Digitalisierung wird den meisten von uns daher nicht als große Neuigkeit erscheinen. Der anhaltende Digitalisierungsprozess und vernetzte Kommunikationstechnologien sorgen aber für Umbrüche in der Kommunikation und im Nutzungsverhalten unserer Zielgruppen, die sehr radikal ausfallen und nicht mehr zu ignorieren sind.

Ob ich ein Telefonat mit analoger oder digitaler Technik führe, macht für das Gesprächsergebnis (und auch für den Verlauf) wenig aus. Wenn ich aber davon ausgehe, dass jeder Geschäftsvorgang digital bewältigt wird, verändert das die Sichtweise erheblich. Dann mutet es zum Beispiel „niedlich" an, wenn ein halbes Jahr Arbeit in die Erstellung einer Standortbroschüre investiert wird, die anschließend gut gedruckt im Keller liegt. Denn Print war eigentlich „früher". Wie bereits ausführlich beschrieben, ist ein solches Printprodukt heute in der Regel eher ein Premium-Element in einer Strategie, die sich vor allem auf digitale Kanäle stützt.

Standortmarketing muss also aus der Perspektive der digital vernetzten Nutzerinnen und Nutzer begriffen werden. Praktisch alles, was wir kommunizieren wollen, muss digital aufbereitet sein. Gute Printprodukte und tolle Live-Erlebnisse werden zwar ihren Wert behalten, aber selbst ein nach wie vor erfolgreiches schriftliches Mailing benötigt meist eine Verlängerung ins Internet.

Dazu kommt, dass unsere Anspruchshaltung an professionelle Kommunikation, die über Jahrzehnte aufgebaut wurde und sich durch die Digitalisierung verfestigt hat, vor der öffentlichen Verwaltung nicht Halt macht. „Auf dem Amt" mag die IT-Abteilung ja noch alles verhindern, was Spaß macht, aber spätestens zu Hause auf dem Sofa regieren Smartphone und Tablet. Wir alle sind schöne Websites, große, hochauflösende, professionelle und authentische Bilder gewöhnt. Informationen müssen heute kaum noch gesucht werden – sie finden uns. Allerdings nur, wenn sie gut aufbereitet sind. Durch soziale Netzwerke sind wir zudem immer stärker an eine schnelllebige Kommunikation über Bilder und Videos gewöhnt. Agilität und Geschwindigkeit entwickeln sich zu neuen Maßstäben in der Kommunikation. Unser Mediennutzungsverhalten konditioniert uns darauf, Videos und Bildern Aufmerksamkeit zu schenken. Für Texte bleibt uns oft nicht mehr viel Zeit und veraltete Kommunikationsmittel werden als unprofessionell wahrgenommen.

Zudem sind wir immer unterwegs. Das Smartphone ist der äußere Ausdruck dieser Entwicklung. Viele Zielgruppen können sich nicht mehr an die Zeit erinnern, als man es noch nicht dabei hatte. Mobile Websites („mobile first") sind also zwingend erforderlich. Viele Inhalte (Mails, Website, Fotos, Videos, Soziale Medien usw.) werden zuerst auf einem mobilen Endgerät wahrgenommen. Für die Art der Präsentation heißt das: Ich muss mich viel stärker beschränken und schnell auf den Punkt kommen.

Das digitale Marketing muss natürlich auch von der jeweiligen Zielgruppe angenommen werden. Letztendlich erhöht die digitale Transformation auch die Möglichkeiten in der Kommunikationsarbeit: Tools, Kanäle, Zielgruppen und ihre Lebensweise, Sprache und Themen sind heute diverser denn je.

Neben der Digitalisierung von Kommunikationsmaßnahmen zählt auch die Digitalisierung anderer Geschäftsprozesse zur digitalen Transformation. Ein digitales Programm zur Pflege der Unternehmensdaten und zur Dokumentation der Aktivitäten (CRM – Customer Relationship Management System) ist zum Beispiel ein unerlässlicher erster Schritt für Wirtschaftsförderungen.

Natürlich darf an dieser Stelle nicht verschwiegen werden, dass zur digitalen Transformation auch die Datennutzung und -sicherheit gehören und das Krisenpotenzial hierbei nicht zu unterschätzen ist. Es geht also nicht ohne große Sorgfalt.

Künstliche Intelligenz ist ein aktueller Treiber der Digitalisierung, der immer stärker Anwendung in unserem Alltags- und Berufsleben findet. Hinter KI stecken in der Regel lernende Maschinen, die in großen Datenmengen Muster erkennen, Problemlösungen optimieren und letztlich zur Effizienzsteigerung beitragen können. Inzwischen sind solche KI-Anwendungen in vielen Bereichen des Alltags zu finden. Auch im Marketing gibt es einige Anwendungsfälle, in denen der Einsatz von KI unterstützen kann. Die Vorteile beim Einsatz von KI sind dabei in der Regel: Vereinfachung und die Generierung von mehr Output in kurzer Zeit.

Konkret kann der Einsatz von KI im Marketing unter anderem bei folgenden Aufgaben helfen:[1]

- Brainstorming
- Content-Erstellung (z. B. Text- oder Bilderstellung)
- Planung von Inhalten (z. B. Redaktionsplanung)
- Erstellung von Programmen und Agenden
- Transformation von Inhalten oder Formaten (z. B. Umwandlung von Fließtext in ein Interview)
- Optimierung digitaler Performance inkl. Suchmaschinenoptimierung
- Analyse von Daten
- Und vieles mehr …

---

[1] Eine umfangreiche Einführung bieten Pieper (2023) und Wagener (2023).

KI kann uns bereits heute im Alltag helfen und zu einer Effizienzsteigerung beitragen. Künstliche Intelligenz wird schnell „besser", benötigt aber auf absehbare Zeit „klare Ansagen". Es ist sehr wichtig, die verschiedenen Tools mit den richtigen Informationen und Anweisungen („Prompts") zu „füttern", um die Qualität der Ergebnisse sicherzustellen. Auf diese Weise können KI-Tools zum Beispiel für das Verfassen von Pressemitteilungen oder YouTube-Beschreibungen genutzt werden. Ein jährlich wiederkehrendes Vorwort aktualisiert sich fast von selbst. Hier agiert die KI also als Ghostwriter. Außerdem kann man mithilfe von KI relevante Keywords für die Suchmaschinenoptimierung aus Texten identifizieren lassen oder sich verschiedene Betreffzeilen für eine E-Mail-Marketing-Aktion vorschlagen lassen. Möglich ist, die KI als Transformationshilfe zu nutzen – beispielsweise, wenn aus einem Text ein kurzes Interview entstehen soll oder Meeting-Notizen zusammengefasst werden sollen. In beiden Fällen sollte beim Prompt darauf geachtet werden möglichst präzise Anweisungen zu geben und das Profil des Ghostwriters zu schildern: Welche Rolle hat der Ghostwriter und welche Haltung zum Thema? Mit etwas Übung werden Sie die KI hier so trainieren können, dass die Ergebnisse eine Entlastung darstellen und Sie mehr Zeit in z. B. strategische Überlegungen investieren können.

Auch in der Bildbearbeitung ermöglicht KI ungeahnte Erleichterungen. Noch mehr als bei Texten kommen hier aber urheberrechtliche Fragen ins Spiel, die nicht eindeutig zu beantworten sind. Und noch mehr als bei Texten gilt bei Bildern und Videos: Wer schlechte Anweisungen gibt, bekommt auch schlechte Ergebnisse.

Insgesamt betrachtet dürfte die Nutzung Künstlicher Intelligenz im Standortmarketing schon bald eine zentrale, selbstverständliche Rolle spielen.

Resümee
1. Die digitale Transformation betrifft unsere gesamte Gesellschaft, und zwar in allen Teilbereichen: im Leben, beim Arbeiten und Wirtschaften.
2. Wir sind eine Netzwerkgesellschaft, in die laufend zukunftsweisende Technologien Einzug halten und unser tägliches Leben und die Arbeitswelt verändern.
3. Standortmarketing muss aus der Perspektive der digital vernetzten Nutzerinnen und Nutzer gedacht werden.
4. Der Einsatz von KI kann zu erheblichen Effizienzsteigerungen führen und bei repetitiven Aufgaben helfen.
5. Der jeweilige Prompt ist (noch) sehr entscheidend für die Qualität des KI-Ergebnisses.

Kontroll- und Lernfragen

1. Welchen Einfluss hat die digitale Transformation auf unser Mediennutzungsverhalten?
2. Welche Lebensbereiche sind von der digitalen Transformation betroffen?
3. Welchen Einfluss hat die Digitalisierung im Marketing und was bedeutet das für eine zielgruppengerechte Ansprache bzw. Medienauswahl?
4. Welche Vorteile kann KI haben?
5. Wobei kann der Einsatz von KI im Marketing helfen?
6. Welche Einsatzmöglichkeiten fallen mir darüber hinaus noch ein, wenn ich an meine eigene Arbeit denke?

Literatur

Pieper, J. (2023). Künstliche Intelligenz im Marketing. In C. Lucas & G. Schuster (Hrsg.), *Innovatives und digitales Marketing in der Praxis* (S. 221–232). Wiesbaden; Springer Gabler.

Wagener, A. (2023). *Künstliche Intelligenz im Marketing*. Haufe.

Zukunftsinstitut. (2023). Megatrend: Konnektivität. https://www.zukunftsinstitut.de/zukunftsthemen/megatrend-konnektivitaet. Zugegriffen am 04.06.2024.

Besondere Disziplinen des Standortmarketings

10

Zusammenfassung

Imagewerbung und Markenbildung sind die übergeordneten Funktionen des Standortmarketings. Der Alltag wird in der Wirtschaftsförderung von verschiedenen Teildisziplinen geprägt. In der Ansiedlungs- und Flächenvermarktung geht es um Investitionen, beim Fachkräftemarketing um Personalengpässe der heimischen Unternehmen und beim Tourismusmarketing um einen wichtigen Wertschöpfungsfaktor. Erfolgskritisch ist, die Synergien dieser (und anderer) Disziplinen zu nutzen.

Lernziele
- Die Bedeutung und Unterschiede wichtiger Disziplinen im Standortmarketing verstehen.
- Das Zusammenspiel verschiedener Kommunikationsdisziplinen und Zielgruppen strategisch einordnen können.

Dieses Buch geht von der Überzeugung aus, dass erfolgreiches Standortmarketing einem geschlossenen Gesamtkonzept folgen muss. Wir haben außerdem dargestellt, warum Erfolg im Markenaufbau ohne eine grundlegende Standortstrategie unwahrscheinlich ist. Im Alltag der Wirtschaftsförderung wird häufig nicht die Umsetzung des Standortmarketingkonzeptes dominieren, sondern die konkrete Arbeit in den wichtigsten Teildisziplinen. Diese sind vor allem die Vermarktung und Imagebildung des Wirtschaftsstandortes, die Vermarktung von Gewerbeflächen, die Tourismuswerbung und das Fachkräftemarketing.

Je größer die Kommune und je größer auch die Wirtschaftsförderung, desto mehr wird auch die Kommunikation über die eigene Arbeit eine Rolle spielen. In vielen Kommunen kümmert sich nur eine Person um „alles", aber in deutschen Großstädten kümmern sich manchmal mehr als 100 Menschen um alle Bereiche der Wirtschaftsförderung. Entsprechend vielfältig sind die Themen, entsprechend groß der Bedarf an Eigen-PR und der Kommunikation mit den eigenen lokalen Stakeholdern.

Nachdem die Marken- und Imagebildung bislang im Vordergrund stand, möchten wir nun einen Überblick über drei relevante Teildisziplinen geben: Ansiedlung und Flächenvermarktung, Arbeits- und Fachkräftemarketing und Tourismusmarketing.

10.1 Ansiedlung und Flächenvermarktung

Gewerbeflächen sind in Deutschland fast überall knapp (Bundesministerium für Umwelt, Naturschutz, nukleare Sicherheit und Verbraucherschutz, 2024). Das hat einerseits mit der dichten Besiedlung zu tun, andererseits aber auch mit einer gewachsenen Sensibilität was den Verbrauch und die Versiegelung von Flächen angeht (Umweltbundesamt, 2024). Regionen müssen kreative Antworten auf die Frage finden, wie sie ohne neue Flächen dennoch wirtschaftliches Wachstum induzieren können. Auch Standorte, die über wenig oder überhaupt keine Gewerbeflächen mehr verfügen, müssen versuchen, aus dem Immobilienbestand heraus das Wachstum und die Ansiedlung von Betrieben zu fördern und zu ermöglichen.

Im Rahmen einer konsistenten Ansiedlungsstrategie, die mit entsprechenden Vergabekriterien für Flächen hinterlegt ist, wird es nicht ausreichen, das Angebot von Büro- und Gewerbeflächen nur zu kommunizieren. Eine Nachfrage wird es fast immer geben – nur häufig von „unpassenden" Unternehmen aus Sicht der Standortentwicklung.

Zu den Basisfunktionen im Gewerbeflächen-Marketing gehören niedrigschwellige, aussagekräftige Grundinformationen über das Angebot. Das umfasst beispielsweise Flächensteckbriefe, gut gemachte „Landingpages" für Projekte oder die Nutzung geeigneter Flächen-Datenbanken, die häufig von übergeordneten Institutionen wie Regional- oder Landeswirtschaftsförderung bereitgestellt werden.

Erfolgreiche Ansiedlung und Flächenvermarktung erfordern aber mehr als solche im Grunde passiven Maßnahmen. Im Rahmen des Vermarktungskonzeptes müssen konkrete Zielgruppen festgelegt und später auch angesprochen werden. Neben den für die regionalen Wertschöpfungsketten passenden Branchen geben die Vergabekriterien (, wenn es sie denn gibt,) Auskunft über die wichtigsten Anforderungen: So können Nachhaltigkeitskriterien eine Rolle spielen, ganz sicher aber die Innovationskraft und die vermutete steuerliche Leistungsfähigkeit. Es ist jedenfalls erforderlich, nicht „irgendwelche" Unternehmen anzusprechen, sondern die „richtigen".

Wie dargelegt ist eine Zielgruppe eigentlich erst dann eine Zielgruppe, wenn ich sie eindeutig identifizieren und über definierte Kommunikationskanäle ansprechen kann. Die in Deutschland verfügbaren Unternehmensdatenbanken ermöglichen es ohne weiteres, Zielgruppen anhand von festgelegten Parametern zu identifizieren und dann persönlich anzusprechen. Mögliche Elemente im Maßnahmenmix sind gut gemachte Mailings, die aktive Ansprache über soziale Netzwerke wie LinkedIn oder der persönliche Besuch von Messen und Branchentreffs. Diese aktive Form der Ansprache, die nach außen wie ein Key Account Management funktioniert, erfordert Ressourcen, Arbeitszeit und Geduld. Aber sie lohnt sich und zahlt sich im Wortsinn auch aus.

10.2 Arbeits- und Fachkräftemarketing

Die Ansprache von Arbeits- und Fachkräften nimmt heute im Alltag der Wirtschaftsförderung deutlich größeren Raum ein als noch vor wenigen Jahren. Nach unserem Eindruck hat das Arbeits- und Fachkräftemarketing die Flächenvermarktung in ihrer Bedeutung und im Ressourceneinsatz inzwischen überholt. In den Unternehmen ist die Wahrnehmung für die Wachstumsbremse Fachkräftemangel inzwischen gestiegen (Bundesministerium für Arbeit und Soziales, o. J.).

Viele Betriebe können nur wachsen und so höhere Steuererträge für die Kommune zur Verfügung stellen, wenn sie nicht aus Mangel an Mitarbeitenden Aufträge ablehnen müssen. Die Forschung deutet darauf hin, dass der Mangel an Menschen inzwischen ein deutlich begrenzender Faktor für wirtschaftliches Wachstum ist. Die Wirtschaftsförderung kann dieses Problem nicht grundsätzlich lösen: Dort, wo Betriebe wenig zahlen wollen oder können, dort wo die Lebensqualität nicht den Erwartungen der begehrten Zielgruppen entspricht, dort wird erfolgreiches Fachkräftemarketing immer sehr schwer sein. Namentlich strukturschwache ländliche Räume sind hier häufig in einer sehr schwierigen Situation.

Die Lösung liegt natürlich nicht im Marketing allein. Damit die lokale Wirtschaft (nachhaltig) wachsen kann, ist ein koordiniertes Bündel von Maßnahmen erforderlich. Dazu gehört die Bindung von älteren Arbeitnehmenden ebenso wie die stärkere Motivation von Teilzeitkräften. Dazu gehört auch die konsequente Nutzung von Produktivitätsfortschritten über lokale Innovationsnetzwerke. Das erfordert eine glaubwürdige, konkrete Willkommenskultur gegenüber denjenigen Betrieben, die mit viel Mühe neue Arbeitskräfte anwerben – kommen sie nun aus dem In- oder Ausland.

Erfolgreiches Fachkräftemarketing kann aber einen bedeutenden Beitrag dazu leisten, dass die Vorteile eines Standortes richtig bei den Zielgruppen ankommen und Betriebe so in ihrer Akquisearbeit unterstützt werden. Es ist nicht realistisch, zum Beispiel eine Maschinenbauingenieurin aus Baden-Württemberg allein durch Imagewerbung zum Umzug der gesamten Familie zu verleiten – sei es nun in den Norden, Osten oder Westen. Es kann aber sehr wohl gelingen, das „Sourcing" von Unternehmen mit guter Kommunikation produktiv zu begleiten. Hier muss der Schwerpunkt von Fachkräftemarketing liegen.

Zentral ist die Bereitstellung von umfassenden und zutreffenden Informationen über den möglichen neuen Lebensort. Wer einen Jobwechsel in Betracht zieht, recherchiert sofort alle für ihn oder sie relevanten Fakten: Nahversorgung, Qualität von Schulen und Kinderbetreuung, vielleicht auch Pflegeeinrichtungen für die Eltern, ein Job für Partner oder Partnerin, vorher noch das Angebot an geeigneten Immobilien. Diese Liste ist ganz einfach, doch schon der Mangel an Wohnraum sorgt für Frust. Tatsächlich aber werden diejenigen Standorte Vorteile haben, die neben guten Jobs und einem herzlichen Willkommen einfach umfassende und glaubwürdige Informationen über ein attraktives Leben vor Ort zur Verfügung stellen.

Erfolgreiches Arbeits- und Fachkräftemarketing muss eng mit den Betrieben zusammenarbeiten und erfordert dann ein breites Portfolio an den zuvor gezeigten Maßnahmen. Dazu gehört ein qualitativ hochwertiges Internetangebot, überzeugende Auftritte bei Instagram und LinkedIn, ein Bewegtbildangebot, gern auch hochwertige Printinformationen für den Versand. Kennenlernangebote etwa für Wochenenden vor Ort sind hilfreich. Ansonsten wird immer die Kreativität der Maßnahmen den Unterschied machen.

10.3 Tourismusmarketing

Im hier betrachteten Kontext ist es wichtig, auf die enge Verbindung zwischen Fachkräftemarketing und Tourismusmarketing hinzuweisen. Der Tourismus arbeitet fast immer mit klaren Zielgruppendefinitionen und muss für einen effizienten Einsatz der vorhandenen Mittel stark darauf achten, die eigene Destination im nationalen und internationalen Wettbewerb glasklar zu positionieren. Das Ergebnis dieser Positionierung, die Attraktionen, Schönheiten und Vorteile einer Destination führen dazu, dass ihre Menschen immer auch glaubwürdige Argumente für interessierte Arbeitskräfte liefern können. Nicht ohne Grund stoßen Fachkräftekampagnen häufig mit ihrem Material in die Hotelzimmer vor.

Es wäre vermessen, die Komplexität des Tourismusmarketings kursorisch zusammenfassen zu wollen.[1] Uns ist vor allem wichtig, dass wir das Tourismus-

---

[1] Einen guten Einstieg ins Thema bietet zum Beispiel Horster (2022).

marketing als einen elementaren Bestandteil der Standortvermarktung und ihre Gesamtstrategie betrachten. Dies wird an vielen Standorten anders verstanden und „gelebt": Wo der Tourismus stark ist und entsprechende Marketingbudgets mobilisieren kann, bleibt die Standortvermarktung durch die Wirtschaftsförderung häufig weit hinter den hierfür eingesetzten Ressourcen zurück. Die Mehrheit der deutschen Standorte und Destinationen spricht ihre Zielgruppen so auf vollkommen unterschiedliche Art und Weise an.

Natürlich ist es ein erheblicher Unterschied, ob wir eine Gewerbefläche vermarkten oder einen Kurzurlaub. Dennoch profitiert der Standort erheblich davon, wenn es gelingt die Totalität, die Botschaften und vor allem Bildwelten und Gestaltung so eng miteinander zu koordinieren, dass ein Wiedererkennungseffekt entsteht.

Das im Tourismusmarketing eingesetzte Instrumentarium ist ungeheuer breit und vielfältig. Die begehrten Zielgruppen erwarten ein hohes Maß an Qualität des Angebotes und (beinahe noch mehr) der Kommunikation. Diese ist häufig deutlich kreativer als andere Disziplinen der Standortvermarktung, obwohl dies eigentlich nicht so sein sollte. Das Standortmarketing kann sich von gutem Tourismusmarketing also eine Menge „abgucken".

Den größten Grad an Zielerreichung in allen Kommunikationsdisziplinen werden diejenigen Standorte erreichen, bei denen das Tourismusmarketing als integraler Bestandteil der Gesamtvermarktung verstanden wird und auch organisatorisch eingebunden ist.

Für alle Teildisziplinen der Standortvermarktung gibt es gute Praxisbeispiele. Sie sind laufenden, schnellen Veränderungen unterworfen. Man denke allein an die Anforderungen, die eine neue, sehr schnell erfolgreiche Social Media App wie beispielsweise TikTok an die Kommunikationsstrategie stellt. Wir haben aus unserer Sicht geeignete Praxisbeispiele in Kap. 11 zusammengestellt und bemühen uns um eine laufende Aktualisierung.

> **Resümee**
> 1. Image- und Markenbildung sind die übergeordneten Funktionen des Standortmarketings.
> 2. Die Darstellung und Erläuterung der eigenen Arbeit ist für Wirtschaftsförderungen ein wichtiger Faktor, um ausreichende Ressourcen zu erhalten.
> 3. Besonders relevante Zielgruppen benötigen eigene Teildisziplinen der Kommunikation. Die wichtigsten sind Ansiedlung und Flächenvermarktung, Arbeits- und Fachkräftemarketing sowie Tourismusmarketing.
> 4. Die Teildisziplinen sollten nicht getrennt gedacht werden, sondern möglichst synergetisch.

> **Kontroll- und Lernfragen**

1. Sollten Wirtschaftsförderungen Zeit und Ressourcen aufwenden, um mit der lokalen Politik zu kommunizieren?
2. Welche Synergiepotenziale bestehen zwischen verschiedenen Teildisziplinen des Standortmarketings?
3. Wie kann Standortmarketing dazu beitragen, dass Menschen ihren Wohnort wechseln?
4. Welche Zusammenhänge bestehen zwischen Fachkräfte- und Tourismusmarketing?

Literatur

Bundesministerium für Arbeit und Soziales. (o. J.). Zahlen und Fakten zur Fachkräfteentwicklung. https://www.bmas.de/DE/Arbeit/Fachkraeftesicherung/Fachkraeftemonitoring/fachkraeftemonitoring.html. Zugegriffen am 17.07.2024.

Bundesministerium für Umwelt, Naturschutz, nukleare Sicherheit und Verbraucherschutz. (2024). Flächenverbrauch – Worum geht es? https://www.bmuv.de/themen/nachhaltigkeit/strategie-und-umsetzung/reduzierung-des-flaechenverbrauchs. Zugegriffen am 17.07.2024.

Horster, E. (2022). *Digitales Tourismusmarketing*. Springer Gabler.

Umweltbundesamt. (2024). Siedlungs- und Verkehrsfläche. https://www.umweltbundesamt.de/daten/flaeche-boden-land-oekosysteme/flaeche/siedlungs-verkehrsflaeche#anhaltender-flachenverbrauch-fur-siedlungs-und-verkehrszwecke-. Zugegriffen am 17.07.2024.

Standortmarketingkampagnen auf dem Prüfstand   11

> **Zusammenfassung**
>
> Am Ende unserer Darstellung wollen wir einige Standortkampagnen daraufhin untersuchen, inwieweit sie die eingangs genannten Kriterien für „gutes" Standortmarketing erfüllen. Das Ergebnis hängt sehr von den Zielgruppen ab.

> **Lernziele**
> - Die vorgestellten Standortkampagnen charakterisieren.
> - Die unterschiedlichen Ansätze der einzelnen Standortkampagnen vergleichen.
> - Den Gesamtauftritt des jeweiligen Standorts als Ergebnis kommunikativer Maßnahmen beurteilen.

Sie wissen inzwischen, dass es beim Standortmarketing um sehr viele unterschiedliche Gruppen geht – und deshalb ist diese Disziplin in einem ganz umfassenden Sinn heute eines der wichtigsten Themen für jeden Standort. Das gilt besonders für die Wirtschaftsförderung. Häufig ist es ihre Aufgabe den Standort bzw. die Region als Marke zu verstehen und zu gestalten, ihm ein Gesicht zu geben und den Zielgruppen zu erzählen, was sie dort geboten bekommen.

Mit einer erfolgreichen Standortmarke schaffen Sie es sich von anderen Regionen abzuheben und Ihren Zielgruppen Orientierung zu geben für welchen Ort sie sich zum Beispiel zum Leben und Arbeiten entscheiden sollen. Wenn ein Standort zur Marke werden soll, braucht es also ein klares Markenversprechen für alle, die Sie erreichen wollen.

Darüber hinaus funktioniert erfolgreiches Standortmarketing nur, wenn Sie über den eigenen Standort und die Marke gut Bescheid wissen: Demografische Daten, Fakten über die Menschen vor Ort, Daten über die Unternehmen und die Wirtschaftsstruktur am Standort, über die freien Flächen, die es vielleicht noch gibt. All das, aber oft auch noch viel mehr, gehört zu den Grundlagen, bevor Sie gutes Standortmarketing entwickeln und umsetzen können. Im Idealfall gehört das Standortmarketing also zu einer guten Strategie für den Standort dazu. Wir erleben es nicht selten, dass eine Marketingaktion überdecken soll, wenn ein Standort gar nicht weiß, wohin er sich entwickeln will. Viel besser ist es, wenn das Standortmarketing ein Teil der Gesamtstrategie ist.

Was einen Standort und die Standortmarke attraktiv macht, hängt natürlich von der Zielgruppe ab. Sie müssen Argumente für den Standort finden, mit denen Sie wirklich überzeugen können. Im Idealfall ist das eine zentrale Idee. Wichtig ist aber auch, dass Sie mit einer Marke natürlich nicht alle Probleme lösen können. Wenn zum Beispiel die Gehälter aus Sicht der Zielgruppe zu niedrig sind, dann kann das eine Standortmarke nicht ändern. Das müssen die Unternehmen tun.

Standortmarketing kann dann besonders erfolgreich sein, wenn Sie es schaffen die wichtigsten Zielgruppen integriert zu denken und eine möglichst einheitliche Kommunikation zu planen. Auch weil Budgets häufig knapp sind, ist es aber umso wichtiger Ihre Marke möglichst ungewöhnlich zu kommunizieren. Kreativität in der Kommunikation ist also ein sehr entscheidender Faktor für Ihren Erfolg.

Zudem profitieren Sie in der Regel davon Standortmarketing gemeinsam zu machen – zum Beispiel als Region. Viel zu oft versuchen relativ kleine Standorte für unterschiedliche Zielgruppen mit kleinen Budgets gegeneinander Marketing zu machen. Sie haben alle einen großen Vorteil davon, wenn Sie es schaffen diese Situation zu überwinden.

Zusammengefasst können diese acht (bereits eingangs präsentierten) Kriterien für eine erfolgreiche Standortmarketingkampagne festgehalten werden.

1. Sie beruht auf einer stringenten Gesamtstrategie für den Standort.
2. Sie verfolgt ein klares Konzept: Mit Zielen, Zielgruppen und einer klaren Markenpositionierung.
3. Sie kommuniziert den Standort für alle relevanten Zielgruppen koordiniert und einheitlich.
4. Sie beruht auf belastbaren Fakten, nicht auf Behauptungen.
5. Sie ist kreativ, zeitgemäß und einzigartig in der Umsetzung.
6. Sie setzt auf (Bewegt-)Bilder und eine emotionale Ansprache.

Abb. 11.1 Über den QR-Code
kommen Sie zu der Website mit
den Beispielen

7. Sie wird auch im Inneren unterstützt – ohne deshalb beliebig zu werden.
8. Sie ist realistisch in Bezug auf das verfügbare Budget und andere Ressourcen.

In diesem Kapitel gehen wir die acht Kriterien für erfolgreiches Standortmarketing durch und zeigen für jedes Kriterium mindestens eine aktuelle Standortmarketingkampagne als Best-Practice-Beispiel auf. Es gibt selbstverständlich viele Kampagnen, die alle acht Kriterien für erfolgreiches Standortmarketing erfüllen. Das trifft auch auf die hier ausgewählten Kampagnen zu. Wir haben daher im Folgenden für jeden Erfolgsfaktor eine Kampagne ausgewählt, die den jeweiligen Erfolgsfaktor in besonderem Maße umsetzt.

Die Beispiele haben wir auf einer Website[1] zusammengestellt, um sie immer aktuell zu halten und auf die multimedialen Inhalte der Kampagnen verweisen zu können. Über den QR-Code gelangen Sie direkt auf diese Website (Abb. 11.1):

> **Resümee**
> 1. Gute Standortkommunikation hängt nicht vom Budget ab. Auch mit relativ kleinen Budgets kann eine große Wirkung erzielt werden.
> 2. Erfolgreiches Standortmarketing basiert immer auf einer langfristigen Strategie – die konsequent und kontinuierlich umgesetzt wird.
> 3. Erfolgreiche Kampagnen brauchen heute einen crossmedialen Ansatz. Alle Aktionen müssen für jeden Kanal durchdacht werden.
> 4. Viele Verantwortliche im Standortmarketing setzen auf Content-Marketing und User-generated Content, denn der ist glaubhafter als reine Werbung.

---

[1] Link zur Website mit den aktuellen Kampagnenbeispielen: https://www.moduldrei.de/standortmarketing-fuer-wirtschaftsfoerderungen.

Kontroll- und Lernfragen

1. Was macht eine Standortkampagne besonders authentisch?
2. Welche Kommunikationsmittel sollte ich bei kleinen Budgets bevorzugen?
3. Wie lange sollte ein Standort an einer Kampagne festhalten, bevor sie grundlegend überarbeitet wird?

Gesamtresümee und Abschlusskontrolle

12

> **Zusammenfassung**
>
> Dieses abschließende Kapitel fasst die Lerninhalte dieses Lehrbuches noch einmal grob zusammen und gibt einen Ausblick.

In einer globalisierten Welt nimmt der Wettbewerb internationaler Standorte weiter zu. Wirtschaftsförderungen überall in der Republik konkurrieren dabei nicht nur untereinander, sondern treten gegen Standorte in ganz Europa und weltweit an.

Um im weltweiten kommunikativen Rauschen von Standorten wahrgenommen zu werden, brauchen Wirtschaftsförderungen heute mehr denn je eine Kommunikationsstrategie. Eine tragfähige Strategie entsteht nur unter der Berücksichtigung eigener Standortdaten, die ehrlich und offen diskutiert in einem Konzept zusammengeführt werden. Eine diskursive Stärken- und Schwächenanalyse zu Beginn des Prozesses ist ein wesentlicher Bestandteil auf dem Weg zur passenden Kommunikationsstrategie.

Um bei Politik und Bevölkerung Anklang zu finden, stehen der Wirtschaftsförderung während der Erarbeitung der eigenen Standortstrategie verschiedene Dialogwerkzeuge zur Verfügung. Richtig angewandt, werden im Dialog die passenden Kernbotschaften zusammengetragen, mit denen interne wie externe Zielgruppen angesprochen werden können.

Erst nach der Erarbeitung einer Strategie kann mit der Umsetzung und der eigentlichen Kommunikation begonnen werden. Von der Ausschreibung bis zur Steuerung der Dienstleisterinnen und Dienstleister durch Briefings ist eine enge Betreuung des Themas Standortmarketing unabdingbar. Einzelne Maßnahmen müssen definierte Standards erfüllen und erst der richtige Maßnahmen-Mix lässt die Kommunikation eines Standorts einheitlich erscheinen. Nur so verfestigt sich auch bei den Zielgruppen nach und nach ein Image für den Standort.

Abschließende Kontrollfragen

1. Warum wird transparentes Kommunizieren wichtiger?
2. Wie binde ich meine Anspruchsgruppen in den Prozess der Strategie-Erarbeitung ein?
3. Warum sollte ich meine Anspruchsgruppen an der Erarbeitung meiner Standortmarketing-Strategie teilhaben lassen?
4. Welche Trends werden die Arbeit von Wirtschaftsförderungen im Standortmarketing zukünftig beeinflussen?
5. Wie wird sich meine eigene Arbeit als Wirtschaftsförderung durch Trends ändern?

SPRINGER NATURE

GPSR Compliance

The European Union's (EU) General Product Safety Regulation (GPSR) is a set of rules that requires consumer products to be safe and our obligations to ensure this.

If you have any concerns about our products, you can contact us on ProductSafety@springernature.com

In case Publisher is established outside the EU, the EU authorized representative is:

Springer Nature Customer Service Center GmbH
Europaplatz 3
69115 Heidelberg, Germany

The manufacturer's authorised representative in the EU is Springer Nature Customer Service Centre GmbH, Europaplatz 3, 69115 Heidelberg, Germany. If you have any concerns regarding our products, please contact ProductSafety@springernature.com

Printed and bound by CPI Group (UK) Ltd, Croydon, CR0 4YY
26/03/2026
02078935-0001